C000269929

CONTENTS

GERMAN SHORT STORIES FOR BEGINNERS

20 Captivating Short Stories to Learn German & Grow Your Vocabulary the Fun Way!

Easy German Stories Volume 2

www.LingoMastery.com

978-1-951949-26-6

Copyright © 2020 by Lingo Mastery

ALL RIGHTS RESERVED

No part of this book may be reproduced, stored in a retrieval system, or transmitted in any form or by any means, electronic, mechanical, photocopying, recording, scanning, or otherwise, without the prior written permission of the publisher.

INTRODUCTION

Congratulations on deciding to learn German! German is a fascinating language that is among the oldest in the world and learning it can open you up to a whole new world of culture and history.

Spoken as a first language by over 100 million people in the European Union (EU), German is the native language of about 18% of the EU population and is spoken as a second language by another 12 million EU citizens. There are also German-speaking communities in other parts of the world, such as in Brazil, Columbia, and the United States. In total, there are about 130 million people in the world who speak German and being able to converse fluently in German is a valuable skill.

Of course, most native German speakers are from Germany, and knowledge of the language is a sure way to impress the locals when visiting the country. Germany has a rich culture, and whether you are interested in history, the beautiful countryside, or in experiencing traditional German food and beer, a visit to the Federal Republic of Germany is sure to be satisfying. German history includes tales of glorious victories, dramatic defeats, and eccentric kings who built breathtaking castles. Today, Germany is one of the major economic forces in the world and is a leader in the automotive industry and in engineering. From the Black Forest to the harbor cities of Kiel and Hamburg, from the mountains and valleys of Bavaria to the city of Berlin, a visit to Germany is sure to offer something for everyone.

Beyond present-day considerations, being able to read German can connect you with some of history's most fascinating writers and storytellers. Thomas Mann, Franz Kafka, Friedrich Nietzsche, the Grimm brothers; each left their mark on German culture and literature. Stories and writing give us some of the most powerful connections to the minds and cultures of those who have gone before us. They are also one of the most engaging ways to learn a language, and hopefully the stories in this collection will help you to do just that.

What the following book is about

This collection is intended to address a common problem in language-learning: the lack of level-appropriate reading material. While stories and essays are an extremely useful way to engage with a target language, advanced material can often prove too challenging and can quickly lead to frustration.

German has a well-earned reputation for being a complex language to master, and it is all too easy to get caught up in grammar rules and memorizing vocabulary. Our approach hopes to sidestep some of this and presents German-learning tools in the context of enjoyable and stimulating stories that are geared towards beginning learners. We believe that learning a language should be a satisfying challenge, and it is our hope that we are able to help you experience that satisfaction.

How *German Short Stories for Beginners* has been laid out

The stories in this book have been written and selected to provide a wide range of German expression: verbs, pronouns, nouns, adjectives, directions, time, and dates have all been included to provide learning within the context of stories. We have given definitions of new vocabulary words as they appear in the text, and the stories build upon one another so that as you read, you will be able to understand progressively more. The stories have been written to be engaging and interesting, and each story includes the following:

a) Summaries in both German and in English
b) Definitions and word lists
c) Comprehension questions at the end of each story

These tools are meant to help you to move through the texts easily, and to give you the opportunity to compare your understanding of the text with the summaries and the questions.

Recommendations for readers of *German Short Stories for Beginners*

Before you begin reading, we have a quick list of tips for getting the most out of this book:

1) Read the stories all the way through first and see how much you are able to understand on the first pass. Once you are through, feel free to return to parts that you do not understand and review. Mark your text freely with notes or highlighter if that helps you.

2) Feel free to use any additional materials to help improve your experience. Looking up unfamiliar words, phrases, or grammatical concepts online or in a dictionary can help you understand the material better and more fully.

3) Find other German learners to study with. Having a person or group of people to learn with can be very motivating and using your German skills with others will help to reinforce those skills. As you start to gain confidence in your abilities, you can even try to find a native speaker with whom you can converse.

4) Practice writing your own simple sentences using what you have learned. Because German grammar can be complicated, try to find someone who can check your sentences to see if they are correct. The more you use the German you are learning, the better you will retain it.

5) Be creative: flashcards, pictures associated with words, putting vocabulary words to music; all of these can help you to remember the words and phrases that you are learning.

6) If you are having a hard time with something, try taking a break and coming back to it. Sometimes it is easier to focus after giving our minds a rest, and it can help to have a fresh start with a concept that is giving us trouble.

7) Reread the stories when you have finished all the questions and read through the vocabulary. Going through the text a second or third time will allow you to pick up on nuances that you may have missed on a first reading, and will help to reinforce the vocabulary that you are learning.

8) Enjoy yourself! Learning a language can be hard work, but it can also be extremely rewarding. Keep your focus on your goal; every step you make and every word you learn brings you closer to fluency.

FREE BOOK!

Free Book Reveals The 6 Step
Blueprint That Took Students

From Language Learners
To Fluent In 3 Months

One last thing before we start. If you haven't already, head over to **LingoMastery.com/hacks** and grab a copy of our free Lingo Hacks book that will teach you the important secrets that you need to know how to become fluent in a language as fast as possible. Again, you can find the free book over at **LingoMastery.com/hacks**.

Now, without further ado, enjoy these 20 German Stories for Beginners.

Good Luck, Reader!

CHAPTER 1

DAS ENDE DES REGENBOGENS

Sarah und David waren nun schon seit zwei Jahren ein glückliches Paar. Sie hatten sich bei der Arbeit in einem Restaurant kennengelernt, wo Sarah als Managerin und David als Koch tätig war.

Schon bei ihrer ersten **Begegnung** sprühten die Funken zwischen den beiden, und so kam es, dass sie **sich ineinander verliebten** und beschlossen, eine Beziehung einzugehen. Wie eines zum anderen kommt, nahmen sie sich nicht viel später eine gemeinsame Wohnung und verlobten sich.

Vieles schweißte die beiden zusammen: Liebe zur Musik, Geselligkeit, Humor – aber vor allem die Leidenschaft für gute **Speisen und Getränke**. Es war ihr **Traum**, eines Tages ein eigenes Restaurant zu besitzen. Als das große, hektische Land, in dem sie lebten, sie zu langweilen und anzustrengen begann, beschlossen sie, diesem Traum zu **folgen** und in ein anderes **Land** zu ziehen, um dort ihr Restaurant zu eröffnen.

Gesagt, getan. Wenige Zeit später saßen sie mit ihrem **Hab und Gut** in einem großen Flugzeug und strahlten einander an. „Sarah, ich kann es kaum **glauben**, dass unser Traum in Erfüllung geht! Ich bin so **aufgeregt**!", sagte David mit **leuchtenden Augen**. „Ich auch", antwortete Sarah, nahm seine Hand und gab ihm einen **Kuss**.

Monate zogen ins Land, das Geschäft florierte und das glückliche

Paar war kaum zu bremsen. Eines Tages kam ein Mann in das Lokal und fragte die Kellnerin nach dem **Besitzer**. „Sarah, David, an der Theke steht ein Mann, der euch **sprechen** möchte", berichtete sie den beiden, als sie in die Küche kam, wo Sarah und David gerade ein neues Gericht ausprobierten. „**Einen kleinen Moment**", erwiderte Sarah, „richte ihm bitte aus, wir kommen sofort."

Der Mann, der sich als Betreiber eines großen **Einkaufszentrums** in der Stadt vorstellte, gratulierte ihnen zu ihrem **erfolgreichen** Geschäft.

„Ich habe ein **Angebot** für Sie, das Sie vielleicht interessieren könnte", sagte er mit einem verschwörerischen Lächeln. „In meinem Einkaufszentrum wird eine Einheit frei. Dort könnten Sie ein zweites Restaurant eröffnen, in dem Sie Davids exzellente Küche anbieten. Stellen Sie sich das mal vor: Eine Expansion nach so kurzer Zeit! Ihre Namen wären **in aller Munde**."

Sarah und David sahen einander an. Waren sie tatsächlich schon **nach kurzer Zeit** bereit, ihr Geschäft zu vergrößern? Fühlte man sich jemals bereit, einen großen Schritt zu wagen, oder musste man einfach ins kalte Wasser springen und in seine neuen Aufgaben hineinwachsen? Sie baten Herrn Spät, so hieß der Mann, um die Details und erbaten sich Bedenkzeit. Beim **Abendessen** diskutierten sie die Sache.

„Wir haben für das Restaurant viele Schulden gemacht. Wenn wir jetzt ein zweites Geschäft eröffnen, könnten wir sie **schneller** abbezahlen", argumentierte Sarah.

„Ich weiß nicht, ob ich so kurz nach der **Neueröffnung** des ersten Restaurants schon die **Kraft** habe, ein zweites zu leiten", entgegnete David. „Wir sind noch so neu in der Stadt, ja sogar im ganzen Land, und haben uns noch nicht gut genug eingelebt, um **ein Risiko einzugehen**." Sarah zog die Stirn in Falten.

7

„Ich verstehe dich. Aber es ist eine große Chance für uns. Schließlich sind wir hierher gekommen, um hart zu arbeiten und Geld zu verdienen. Jetzt haben wir **Gelegenheit**, das zu tun. Wir sind jung und gesund, und es wird uns nicht müde machen, ein paar Jahre lang sechs oder sieben Tage pro Woche zu arbeiten. Geben wir jetzt **Vollgas**, können wir uns vielleicht sogar frühzeitig zur Ruhe setzen."

„**Das ist ein Argument**", antwortete David nachdenklich. „Wir sprechen noch einmal mit Herrn Spät. Wenn er uns preislich etwas entgegenkommt, willigen wir ein."

Und so dauerte es nicht lange, bis Sarah und David ihr zweites Restaurant im Einkaufszentrum von Herrn Spät eröffneten. Wie auch das erste Restaurant der beiden wurde es schon bald zu einem beliebten Ziel für Gäste verschiedener **Altersgruppen** und Gesinnungen. David kochte nämlich wahrhaftig **vorzüglich**.

Aber mit der Zeit wurde die **Arbeit** schwerer, die Tage länger und die Energie des jungen Paares immer weniger. Sarah und David sahen sich kaum noch und obwohl sie jetzt viel Geld verdienten und begonnen hatten, ihre **Schulden zurückzuzahlen**, so konnten sie all das Geld nicht genießen, weil sie keine Zeit hatten, es auszugeben.

Ihr Leben drehte sich um die Arbeit, mehr noch, als es das früher getan hatte, als sie noch in dem anderen Land **angestellt** gewesen waren.

Eines Tages, als sie gemeinsam zu Abend aßen – und das taten sie so gut wie gar nicht mehr, vielleicht noch einmal im Monat –, sah David Sarah mit ernster Miene an und sagte **leise**: „Ich **habe Heimweh**." Instinktiv wusste sie, was er damit sagen wollte. Und sie verstand. Sie hatten sich ihren Traum erfüllt, lebten aber nicht das Leben, das sie sich immer erträumt hatten. Und beide wussten, was als Nächstes geschehen musste.

Zwei Wochen später waren die Koffer gepackt, der Umzugscontainer bestellt und der Flug gebucht. Als Sarah David zum Flughafen gebracht hatte, weinte sie **auf dem Rückweg**. Alles, was sie sich gemeinsam aufgebaut hatten, lag jetzt nicht mehr auf vier, sondern nur noch auf zwei **Schultern**.

Was nutzte ihr das Geld, wenn sie ihre **Leidenschaft** nicht mehr mit David teilen konnte? Sie hatte nie erwartet, dass sie einmal vor dieses Problem gestellt werden würde: Geld oder Familie. Früher hatte es nie **zur Debatte gestanden**; früher hatten sie gemeinsam beides gehabt: Geld und Familie.

Sie würde die Restaurants **verkaufen** und ihm folgen. Alles, was sie brauchte, war ein motivierter Käufer und sie konnte die Geschichte schuldenfrei hinter sich lassen. In der kleinen Stadt, in der sie lebte, gab es viel Tourismus und viel Geschäft für aufstrebende Restaurantbesitzer und es dauerte nicht lange, bis der Tag gekommen war, als sie mit ihrem **neuen Partner** an einem Tisch saß, um die Verträge zu **unterschreiben**.

„Das ist ein guter Deal", eröffnete dieser ihr freudig lächelnd. „In diesen beiden Lagen gebe ich gerne fünf Prozent des **Jahresumsatzes** ab." „Dann verbleiben wir so", **antwortete** sie und erwiderte sein Lächeln. „**Es hat mich gefreut**, mit Ihnen Geschäfte zu machen."

Als das Flugzeug aufsetzte, kam ihr das Land augenblicklich nicht mehr so hektisch vor wie früher und sie freute sich über seine Größe. Weite ist **etwas Wundervolles**, das darf man nicht vergessen, dachte sie bei sich.

Sie sah David sofort. Er stand mit einer roten Rose zwischen den Zähnen inmitten der Menschen, die ihre Freunde, Bekannten oder Geschäftspartner vom Flughafen abholten, und grinste breit. „**Willkommen zu Hause**, mein Schatz."

„Danke, Liebling. Ich habe dir eine Überraschung mitgebracht. Fünf Prozent Traumfrüchte pro Jahr", sagte Sarah, nachdem sie ihm einen innigen Kuss gegeben hatte. Er lächelte nur, nahm sie in den Arm und führte sie zum Auto, das die beiden in ihr neues altes Leben zurückbrachte.

Träume waren **magische Dinge**. Sie konnten den Menschen die Kraft verleihen, alles zu tun, konnten **Berge versetzen**, wenn man an sie glaubte. Aber wenn es an der Zeit war, sie loszulassen, musste man ihre Früchte pflücken, sie behutsam in einen Korb legen und ihnen zum Abschied mit einem weißen **Taschentuch** winken – und mit einem Lächeln.

Zusammenfassung der Geschichte

Sarah und David haben denselben gemeinsamen Traum: Ins Ausland gehen und dort ihr eigenes Restaurant zu eröffnen. Kurzerhand beschließen sie, dem Traum zu folgen, und alles läuft perfekt, bis eines Tages ein Herr vor der Tür steht, der ihnen ein zweites Restaurant anbietet. Unsicher und geteilter Meinung darüber, ob sie sein Angebot annehmen sollen, zögern Sarah und David, bis sie schließlich eine Entscheidung treffen, die für beide sehr ermüdend und demoralisierend ist. Schon bald sehen sie sich mit der existentiellen Frage konfrontiert: Geld oder Familie? Ihr neuer Lebens- und Arbeitswandel verschlimmert sich, bis David beschließt, nach Hause zurückzukehren und Sarah die Restaurants verkauft und ihm folgt.

Summary of the story

Sarah and David have the same dream: to move abroad and open their own restaurant. Without further ado, they decide to go ahead and follow that dream. Everything goes perfectly well until a man shows up at their restaurant, offering them a second restaurant. Unsure and divided about whether to take him up on the offer, Sarah and David hesitate until they eventually make a decision that ends in exhaustion and demoralization. Soon, they have to face the question: money or family? Their new way of life and work gets worse until David decides to move back home, while Sarah sells the restaurants and follows him shortly after.

Vocabulary

- **(die) Begegnung:** the encounter
- **sich ineinander verlieben:** to fall in love with each other
- **Speisen und Getränke:** food and drinks
- **(der) Traum:** the dream
- **folgen:** to follow
- **ein anderes Land:** a foreign country
- **(das) Hab und Gut:** personal belongings
- **glauben:** to believe
- **aufgeregt:** excited
- **leuchtende Augen:** sparkling/shining eyes
- **(der) Kuss:** the kiss
- **(der) Besitzer:** owner/proprietor
- **sprechen:** to speak
- **Einen kleinen Moment:** just a moment
- **(das) Einkaufszentrum:** shopping center
- **erfolgreich:** successful
- **(das) Angebot:** the offer
- **in aller Munde:** to be the talk of the town
- **nach kurzer Zeit:** after a short time
- **(das) Abendessen:** dinner
- **schneller:** faster/sooner
- **(die) Neueröffnung:** new opening
- **(die) Kraft:** strength
- **ein Risiko eingehen:** to take a risk
- **(die) Gelegenheit:** opportunity
- **Vollgas geben:** to go full throttle
- **Das ist ein Argument:** you have a point
- **(die) Altersgruppen:** age groups
- **vorzüglich:** delicious
- **(die) Arbeit:** the work
- **Schulden zurückzahlen:** to pay back debt
- **angestellt:** employed
- **leise:** quiet(ly)
- **Heimweh haben:** to be homesick
- **zwei Wochen:** two weeks

- **auf dem Rückweg:** on the way back
- **(die) Schultern:** shoulders
- **(die) Leidenschaft:** passion
- **nicht zur Debatte stehen:** to be out of the question
- **verkaufen:** to sell
- **ein neuer Partner:** a new partner
- **unterschreiben:** to sign
- **(der) Jahresumsatz:** yearly revenue
- **antworten:** to respond
- **Es hat mich gefreut:** it was my pleasure
- **etwas Wundervolles:** something wonderful
- **Willkommen zu Hause:** welcome home
- **magische Dinge:** magical things
- **Berge versetzen:** to move mountains
- **(das) Taschentuch:** tissue

Questions about the story

1. **Wie lange waren Sarah und David ein Paar, als sie ihr Restaurant eröffneten?**

   a. Einige Monate

   b. Zwei Jahre

   c. Fünf Jahre

2. **Wie zogen die beiden um?**

   a. Flugzeug

   b. Zug

   c. Auto

   d. Schiff

3. **Wie heißt der Besitzer des Einkaufszentrums?**

   a. Herr Schmidt

   b. Herr Schön

   c. Herr Scholz

   d. Herr Spät

4. **Welche Blume schenkte David Sarah, als er sie vom Flughafen abholte?**

   a. Tulpe

   b. Rose

   c. Orchidee

   d. Nelke

5. **Was konnte David ganz besonders gut?**

   a. Kochen

   b. Cocktails mixen

   c. Gitarre spielen

Answers

1. B – Two years
2. A - Plane
3. D - Herr Spät
4. B - Rose
5. A - Cooking

CHAPTER 2

KREUZWEGE

Schon wieder traf er **das kleine Mädchen** im Keller, als er **Kartoffeln** holte. Sie hatte rabenschwarzes, **glänzendes Haar** und genauso schwarze Augen. „Entschuldigung", brachte er gerade noch heraus, bevor er sie auf seinem übermütig schnellen Weg von der Treppe durch die Tür fast umrannte. Die Kleine errötete nur und wich **schüchtern** zurück.

Er wusste, dass die Wohnung über ihnen von den französischen Besatzern beschlagnahmt worden war. Das kleine Mädchen musste zu der **Familie** gehören, die er seitdem dort ein- und ausgehen sah.

Er war ihr jetzt schon öfter begegnet, hatte aber nie mit ihr gesprochen. **Meistens** sah sie ihn mit ihren großen, dunklen Augen nur schweigend an. **Vielleicht** lag es daran, dachte er bei sich, dass sie seine **Sprache** nicht beherrschte.

Seit sein Vater vor einem Jahr gestorben war, lebte Werner mit seiner zwei Jahre **älteren Schwester** und seiner Mutter in der Dreizimmerwohnung des Mehrfamilienhauses. Seine Mutter hatte früher nicht gearbeitet und **versuchte** seit dem Tod seines Vaters täglich, von Haus zu Haus zu **gehen** und Mottenhüllen zu **verkaufen**. Natürlich hatte in der Zeit direkt nach dem Krieg niemand Geld für Mottenhüllen übrig. Es waren **schwere Zeiten** für alle.

Bepackt mit einem Sack Kartoffeln, sprintete Werner die **Treppe** wieder nach **oben**. Das Mädchen stand immer noch im Türrahmen.

Er **lächelte** ihr zu, aber sie reagierte nicht. Ihre blassen Wangen waren **immer noch** rosa gefärbt und sie senkte verlegen den Blick.

Gemeinsam mit seiner Mutter und seiner Schwester **schälte** er die Kartoffeln und verarbeitete sie zu Püree. Dazu gab es **Spiegelei**. Es war eintönig, denn etwas anderes hatte es schon längere Zeit nicht mehr gegeben – aber **immerhin** hatten sie etwas zu essen. Vielen anderen Menschen ging es **schlechter** als ihnen.

Das nächste Mal begegnete er ihr im Schwimmbad. Es war ein heißer Sommertag und alle seine Freunde trafen sich direkt nach der Schule an ihrem Stammplatz auf der **Wiese** am See. Gerade hatte er sein **Handtuch** ausgebreitet und wollte sich in der Sonne ausstrecken, da wurde seine Aufmerksamkeit von langen schwarzen Haaren und blasser Haut auf sich gezogen. Die kleine Französin war mit ihrer Familie im Schwimmbad! Als sie ihn **sah**, nahmen ihre Wangen denselben Rosaton an wie **zuvor** und sie wandte ihren Blick schnell ab.

Abends **holte** er wieder Kartoffeln. Dieses Mal **rannte** er die Kleine nicht fast über den Haufen, denn sie hatte sich gezielt in die Ecke zwischen der Kellertür und dem Korridor gestellt. Als er an ihr vorbeikam, **sagte** sie: „Bonjour!" **Beinahe** wäre ihm das Herz stehengeblieben, denn er hatte sie nicht gesehen. Er zuckte zusammen und erwiderte: „Hallo."

Sie sahen einander an, dann mussten sie **lachen**. Sie prusteten geradezu und hörten nicht auf, bis Werner alle Kartoffeln in seinen Sack geladen hatte und seinen Rückweg nach oben antrat.

Kurios, dachte er bei sich, wie Menschen, die nicht einmal dieselbe Sprache sprechen, sich letztendlich doch ohne Worte **verstehen**.

Von diesem Tag an traf er die kleine Französin jeden Abend im Keller. Bald schon fingen sie an, sich zu **unterhalten** – halb auf

Französisch und halb auf Deutsch – und wiederum kurz darauf hatte sich eine tiefe **Freundschaft** zwischen dem deutschen Jungen und dem französischen Mädchen entwickelt.

Man muss nicht dazusagen, dass die Eltern der beiden, und insbesondere Marie-Laures Eltern (denn so hieß das Mädchen), davon alles andere als **begeistert** waren. Schließlich gehörte es sich für einen deutschen Jungen nicht, Kontakt mit einer Französin zu haben, und **schon gar nicht** andersherum! Und so versuchte Marie-Laures Vater in gleichem Maße wie Werners Mutter, den beiden den gegenseitigen Umgang nach Kräften zu verbieten.

Marie-Laure und Werner mochten sich aber so sehr, dass sie sich nicht von ihren Eltern und auch nicht von anderen Dingen so einfach **trennen** ließen. Sie trafen sich im Schwimmbad und achteten nicht darauf, dass die anderen Kinder ihnen **misstrauische** oder böse Blicke zuwarfen.

Marie-Laure lernte, Werners Sprache zu verstehen und er lernte die ihre. Nachmittage lang ließen sie Steinchen auf dem See hüpfen, erzählten einander **Geschichten**, er von seinem Vater, sie von ihrer Heimat Nizza und von dem **Meer**, tiefblau und glitzernd wie der See, an dem sie saßen, allerdings endlos weit, sodass man bis zum Horizont kein Ende **sehen** konnte.

Marie-Laures Vater, der sich große Sorgen um seine kleine Tochter machte, begann, Mitgefühl zu entwickeln. **Schließlich** hatte seine Kleine mit ihm ihre Heimat **verlassen** müssen, und in diesem fremden Land war sie ganz allein. Wenn er es recht bedachte, war er froh, dass sie einen Freund gefunden hatte, der ihr Gesellschaft leistete und sie zum Lachen brachte. Vielleicht sollte man dieser einzigartigen Freundschaft eine Chance **geben**.

Und so kam es, dass Marie-Laures Vater eines Tages bei Werners Mutter an die Tür **klopfte** und sie **fragte**, ob er den kleinen Werner zum Abendessen **einladen** dürfe. Werners Mutter war wohl einigermaßen verwundert über diesen Vorschlag, willigte aber schließlich ein. Die Familie hatte so wenig zu essen, dass jede Gelegenheit, Werner anderswo einen vollen Bauch zu bescheren, willkommen war.

Kurz darauf fand Werner sich bei Marie-Laures Familie am Esstisch wieder. Zum sogenannten „Apéritif" gab es Rotwein. Werner hatte noch nie auch nur einen **Tropfen** Alkohol getrunken, und es überraschte ihn, als Marie-Laures Vater ihm ein halbes Glas Wein einschenkte, den er mit Wasser mischte. Alle zusammen **tranken** sie einen Schluck. Aus der Küche schwebten aromatische Düfte in seine Nase. Madame, Marie-Laures Mutter, trug eine silberne Platte herein, auf der ein großer, saftiger Braten lag. Werner lief das Wasser im Mund zusammen.

Nun hatte er mit seiner Familie seit einem Jahr jeden Tag das Essen rationieren müssen, fast jeden Abend hatte es Kartoffeln gegeben. Selbst Butterbrot war eine Seltenheit. Kartoffelbrei, Bratkartoffeln, Pellkartoffeln in einem fort. Und jetzt stand ein so unglaublicher Braten vor ihm! Er konnte sein **Glück** kaum fassen.

Nach dem Essen, das nur als Festmahl bezeichnet werden konnte, gab es für jeden eine Schüssel warmen Vanillepudding. Werner hatte einen angenehm heißen Kopf von dem Wein und **spürte**, dass seine Wangen dieselbe Farbe haben mussten wie Marie-Laures.

Als Marie-Laures Mutter das Geschirr abräumte, **fragte** sie Werner, ob er eine Portion des Festmahls für seine Schwester und seine Mutter mit in die Wohnung nehmen wollte. Das ließ er sich nicht zweimal sagen! Madame richtete zwei Teller mit Köstlichkeiten her, die sie Werner in die Hand drückte.

„Merci!", bedankte er sich in holprigem Französisch und strahlte, denn er **war sicher**, dass heute sein Glückstag war. Seine neue französische Freundin war wie ein Engel. Als er die Treppe hinunterging, blickte er zurück in ihre dunklen Augen. Sie lächelte. Heute war definitiv sein Glückstag.

Zusammenfassung der Geschichte

Werner ist ein Kind der Nachkriegszeit. Zusammen mit seiner älteren Schwester und seiner Mutter lebt er in einem Mehrfamilienhaus. Seit dem Tod seines Vaters trifft die harte Zeit die Familie besonders hart: Nahrung ist spärlich, die Besatzungsmächte nehmen den Landkreis ein. Allzu verwunderlich, dass Werner sich für die kleine Tochter der französischen Offiziersfamilie zu interessieren beginnt, die in die Wohnung über seiner Familie gezogen ist. Es entwickelt sich eine einzigartige und verbotene Freundschaft.

Summary of the story

Werner is a child in post-war Germany. Together with his older sister and his mother he lives in a multi-story home. Following his father's death, the family increasingly suffers from the hardships of their time: food is scarce, and the French occupational forces are taking over the county. As a rather surprising development, Werner takes an interest in the French officer's daughter, who just moved into the apartment above his family's. A unique and forbidden friendship develops.

Vocabulary

- **(das) kleine Mädchen:** the little girl
- **(die) Kartoffeln:** potatoes
- **glänzendes Haar:** shiny hair
- **schüchtern:** shy
- **er wusste:** he knew
- **(die) Familie:** family
- **meistens:** mostly
- **vielleicht:** maybe
- **(die) Sprache:** language
- **ältere Schwester:** older sister
- **versuchen:** to try
- **gehen:** to go
- **verkaufen:** to sell
- **schwere Zeiten:** hard times
- **(die) Treppe:** stairwell
- **(nach) oben:** up(stairs)
- **lächeln:** to smile
- **immer noch:** still
- **schälen:** to peel
- **(das) Spiegelei:** fried egg
- **immerhin:** at least
- **schlechter gehen:** to be worse off
- **(die) Wiese:** field/meadow
- **(das) Handtuch:** towel
- **sehen:** to see
- **zuvor:** before
- **holen:** to fetch
- **rennen:** to run
- **sagen:** to say
- **beinahe:** almost/nearly
- **lachen:** to laugh
- **verstehen:** to understand
- **(sich) unterhalten:** to talk/make conversation
- **(die) Freundschaft:** friendship
- **begeistert:** thrilled
- **schon gar nicht:** let alone
- **trennen:** to separate
- **misstrauisch:** suspicious
- **(die) Geschichten:** stories
- **(das) Meer:** the sea
- **sehen:** to see
- **schließlich:** after all
- **verlassen:** to leave/flee
- **geben:** to give
- **klopfen:** to knock
- **fragen:** to ask
- **einladen:** to invite
- **(der) Tropfen:** the drop
- **trinken:** to drink
- **(das) Glück:** luck

- **spüren:** to feel
- **fragen:** to ask

- **sicher sein:** to be sure

Questions about the story

1. **Mit wem lebt Werner in der Dreizimmerwohnung?**

   a. Mutter und Schwester

   b. Vater und Schwester

   c. Mutter und Bruder

2. **Was gibt es bei Werners Familie jeden Tag zum Abendessen?**

   a. Grüne Bohnen

   b. Butterbrot

   c. Kartoffeln

   d. Thunfisch mit Spinat

3. **Wovon erzählt Marie-Laure Werner im Schwimmbad?**

   a. Vom guten Essen ihrer Mutter

   b. Von ihrer Heimat Nizza

   c. Von ihren Brüdern und Schwestern

4. **Was gibt es nach dem Essen bei Marie-Laures Familie als Dessert?**

   a. Rotwein

   b. Braten mit Sauce

   c. Eiskrem mit Himbeeren

   d. Vanillepudding

5. **Warum war Marie-Laures Vater besorgt um seine kleine Tochter?**

   a. Sie war krank und brauchte einen Arzt

   b. Sie war weit fort von ihrer Heimat und ihren Freunden

   c. Sie stritt sich oft mit ihrer Mutter

   d. Sie war leichtsinnig und unvorsichtig

Answers

1. A – Mother and sister
2. C – Potatoes
3. B – Of her home, Nice
4. D – Vanilla pudding
5. B – She was away from her home and her friends

CHAPTER 3

DER HAHN

„Frank, wir sollten nur noch **gemeinsam** zur Schule gehen." Klaus machte ein ängstliches Gesicht. „Dieser Hahn wird uns sonst noch **verletzen**! Ich habe solche **Angst** vor ihm!"

Frank dachte nach. Er hatte schon oft über den Hahn nachgedacht, aber es war ihm noch nie eine **Lösung** eingefallen. Und leider fiel ihm auch heute keine ein.

Die beiden Jungen lebten mit ihren Eltern in einem Haus mitten im Schwarzwald. Franks Vater war Förster, also lebte die **Familie** im Forsthaus. Das Haus lag in einiger Entfernung zum nächsten **Dorf**.

Im Schwarzwald gibt es keine großen Städte. Das liegt daran, dass die Landschaft sehr hügelig ist und man nur schwer Häuser **bauen** kann. Aber wo die großen Städte fehlen, gibt es umso mehr Bauernhöfe, **genauer** gesagt die sogenannten Schwarzwald-Bauernhöfe.

Dort gibt es gigantische Gebäude mit hölzernen Dachziegeln, die fast bis zum Boden reichen. Die Dächer sind deswegen so **lang** und **breit**, weil sie im Winter den unglaublichen Mengen von **Schnee** standhalten müssen, die im Schwarzwald **fallen**.

Dank des vielen Schnees gibt es im Schwarzwald nicht nur viele Schwarzwald-Bauernhöfe, sondern auch viele Wintersportler, die verschiedene Arten von **Wintersport** betreiben. Angefangen beim Skilanglauf bis hin zu Skispringen, Biathlon und **Wandern** mit Schneeschuhen wird für Touristen und Einheimische viel geboten.

Auch Frank und sein älterer Bruder Klaus trieben Wintersport. Aber weniger, weil es ihnen selbst **Spaß** machte, sondern vielmehr, weil ihr Vater ebenfalls Biathlet war und ihnen den Sport sozusagen **vererbt** hatte.

Zur Schule gingen Frank und Klaus jeden Tag **zu Fuß**. Am liebsten hätten sie diesen Weg immer gemeinsam zurückgelegt, aber sie hatten nicht immer zu denselben Zeiten Unterricht. Und so musste sich jeder **hin und wieder** allein an dem Hahn vorbei schleichen – oder schnell genug **rennen**.

Zweimal pro Woche musste Frank vom Nachbarsbauern **frische** Milch holen. Nun darf man sich darunter kein einfaches Unterfangen vorstellen, denn der Nachbarsbauer war ebenfalls sehr weit vom Forsthaus entfernt. Eine ganze **Stunde** musste der kleine Frank durch den Schnee stapfen, um das nächste Haus zu **erreichen**.

Wenn er dann die Milch abgeholt hatte, machte er sich mit einer vollen Kanne wieder auf den **Rückweg**. Dabei wurde es ihm natürlich meistens **langweilig**, und so begann er, Faxen zu machen.

Zum Beispiel schleuderte er die Milchkanne an ihrem Henkel im **Kreis** durch die Luft und versuchte, dabei keinen Tropfen zu **verschütten**.

Oft ging das auf dem gefrorenen, glatten Untergrund aber nicht gut, und Frank landete mitsamt der Kanne auf dem Hintern.

Wenn er dabei zu viel Milch verschüttete, war sein Vater natürlich **böse** und schimpfte mit ihm.

Aber nichts war so **schlimm** wie der Hahn.

Auf dem morgendlichen Schulweg kam er einfach nicht an ihm vorbei. Das Tier befand sich in einem Hühnerstall direkt neben der einzigen **Straße**. Er hatte sich schon alle möglichen anderen Wege **überlegt**, aber wenn er nicht querfeldein durch den Wald gehen wollte, musste er die Straße nehmen.

Und er musste an dem Hahn vorbei.

Er wusste nicht, ob das Problem bei dem Hahn lag oder bei ihm. Aber auch sein Bruder Klaus hatte Angst vor dem Tier.

Der morgendliche Ablauf war recht simpel. Langsam und mit größter **Vorsicht** näherte Frank sich dem **Bauernhof**, wo der Hühnerstall war. Schon **von Weitem** hörte er das Gackern der Hennen. Und er wusste, dass der Hahn schon auf ihn lauerte.

Sobald er etwas näher gekommen war, ging es los. **Plötzlich** ertönte ein Schrei: „Kikeriki! Kikeriki!", und Frank begann zu rennen. **Meistens** schaffte er es aber nicht, dem Hahn zu **entkommen**.

Dann stürzte dieser sich auf den Schulranzen, den er sich auf den Rücken geschnallt hatte, und **pickte** wie wild auf ihn ein! Panisch, dass der Hahn als Nächstes seinen **Kopf** erwischen würde, schlug Frank dann um sich und rannte weiter, bis das Tier **schließlich** von ihm abließ.

An den guten Tagen waren die Brüder zu zweit unterwegs. Nicht, dass es den Hahn auch nur im Geringsten **beeindruckt** hätte, wenn er es mit zwei Burschen aufnehmen musste, nein – daran lag es nicht, dass sie sich zu zweit sicherer fühlten.

Der Grund war schlicht und einfach, dass Frank und Klaus zu zweit das Gefühl hatten, sich besser **verteidigen** zu können. Denn immerhin waren sie zwei Brüder und es gab nur einen Hahn.

Einen Hahn, den man zu zweit leichter loswurde als allein. Denn sobald er sich pickend und tobend auf den Schulranzen des einen gestürzt hatte, brauchte der andere sich nur ein Herz zu fassen und konnte das rasende Tier entfernen.

Eines Morgens, als Frank sich gerade einmal wieder **allein** auf den weiten Weg zur Schule gemacht hatte, dachte er an den Unterricht, der ihm bevorstand, und freute sich darauf, in der Mittagspause mit seinen Freunden Fangen zu spielen. Und sein **Pausenbrot** zu essen. Er lächelte bei sich.

Als er am Hühnerstall vorbeikam, bereitete er sich wie immer darauf vor, zu sprinten und sich gegen den Angriff des Hahns zu **wehren**. Und da kam er auch schon – mit gespreizten Flügeln stakste er **fauchend** auf ihn zu.

Und dann blieb er einfach stehen.

Frank war so **überrascht**, dass auch er wie angewurzelt **stehenblieb**. Fast hätte er den Hahn gefragt: „Was ist denn los?", aber so furchtlos war er nun auch wieder nicht.

Schließlich ging er weiter und konnte während des ganzen Weges nicht aufhören, darüber nachzugrübeln, warum der Hahn ihn nicht **angegriffen** hatte.

Das Licht ging ihm auf, als er in der Mittagspause sein Vesper essen wollte: Er hatte es zu Hause **vergessen**! Konnte es sein, dass der Hahn sein Vesperbrot roch und es ihm stehlen wollte? Natürlich, dachte er, **das ergibt Sinn**!

Und weil Frank ein schlauer Junge war, fiel ihm auch bald schon eine Lösung ein.

Am nächsten Tag war **Samstag**, die Kinder hatten also schulfrei. Franks Mutter fuhr samstags in die Stadt, um einzukaufen, also bat Frank, dass sie für ihn und Klaus zwei Frischhaltedosen mitbringen möge!

Als sie ihn **verwundert** fragte, warum, sagte er nur: „Das Butterbrotpapier verkrümelt und verschmiert mir immer meine Bücher und Hefte!"

Gesagt, getan. Die Frischhaltedosen kamen, und am folgenden Montag gingen Frank und Klaus gemeinsam zur Schule.

Als sie sich dem Hühnerstall **näherten**, waren beide angespannt – Frank vor **Erwartung** und Klaus vor Angst. Aber da war er! Der Hahn erschien auf dem Dach des Stalls, sprang auf die Straße und breitete die **Flügel** aus – dann legte er sie wieder an, nickte ein paarmal mit dem Kopf, wie Hühner es tun, drehte sich um und sprang wieder auf das Dach.

„Das ist **unglaublich**!", rief Klaus. „Er hat uns nichts getan! Wie kann das sein?"

„Komm, gehen wir weiter", antwortete Frank. „Ich **erkläre** es dir unterwegs."

Zusammenfassung der Geschichte

Frank und Klaus leben mit ihrer Mutter und ihrem Vater in einem Forsthaus im Schwarzwald. Inmitten einer Landschaft, wo die Ortschaften unendlich weit voneinander entfernt sind und der Schnee im Winter so tief ist, dass es außer Wintersport nicht viel zu tun gibt, leben sie und gehen zur Schule. Das große Problem: An dem Schulweg, den die Jungen täglich zurücklegen müssen, lauert ein aggressiver Hahn, der die beiden in Angst und Schrecken versetzt. Bis Frank eines Tages durch einen Zufall die zündende Idee hat.

Summary of the story

Frank and Klaus live in a forester's house in the Black Forest with their mother and father. They live and go to school amidst a landscape where villages are miles apart. The amounts of snow during winter allow for hardly any outdoor activity besides winter sports. Frank and Klaus, however, face a problem: on the road they must walk to get to school every day, there's a vicious rooster that terrorizes as well as terrifies the two brothers. Eventually, Frank thinks of a solution.

Vocabulary

- **gemeinsam**: together
- **verletzen**: to hurt/injure
- **(die) Angst**: the fear
- **(die) Lösung**: solution
- **(der) Schwarzwald**: (the) Black Forest; wooded mountain range in southwestern Germany
- **(der) Förster**: forester
- **(die) Familie**: family
- **(das) Dorf**: village
- **bauen**: to build
- **genauer**: more precisely
- **lang**: long
- **breit**: wide
- **(der) Schnee**: the snow
- **fallen**: to fall
- **(der) Wintersport**: winter sports
- **(der) Skilanglauf**: cross-country skiing
- **(das) Skispringen**: ski jumping
- **(das) Wandern**: hiking
- **(der) Spaß**: fun
- **vererben**: to hand down (to sb.)
- **zu Fuß**: on foot
- **hin und wieder**: every now and then
- **rennen**: to run
- **frisch**: fresh
- **(die) Stunde**: the hour
- **erreichen**: to reach
- **(der) Rückweg**: the way back
- **langweilig**: boring
- **(der) Kreis**: the circle
- **verschütten**: to spill
- **böse**: mad/upset
- **schlimm**: terrible
- **(die) Straße**: street
- **überlegen**: to think about
- **(die) Vorsicht**: caution
- **(der) Bauernhof**: the farm
- **von Weitem**: from afar
- **plötzlich**: suddenly
- **meistens**: most of the time
- **entkommen**: to escape
- **picken**: to peck
- **(der) Kopf**: the head
- **schließlich**: eventually
- **beeindruckt**: impressed
- **verteidigen**: to defend
- **allein**: alone

- **(das) Pausenbrot:** breaktime snack
- **sich wehren:** to defend oneself
- **fauchen:** to hiss
- **überrascht:** surprised
- **stehenbleiben:** to stop/stand still
- **angreifen:** to attack
- **vergessen:** to forget
- **das ergibt Sinn:** that makes sense
- **Samstag:** Saturday
- **verwundert:** bewildered
- **sich nähern:** to draw closer/approach
- **(die) Erwartung:** anticipation
- **(der) Flügel:** the wing
- **unglaublich:** unbelievable
- **erklären:** to explain

Questions about the story

1. **Wo wohnen Frank und sein Bruder?**

   a. Im Schwarzwald

   b. Im Donautal

   c. Im Ruhrgebiet

2. **Was muss Frank oft beim Nachbarsbauern holen?**

   a. Frische Milch

   b. Frischen Käse

   c. Räucherschinken

   d. Pasteurisierte Milch

3. **Warum können Frank und Klaus nicht immer zusammen zur Schule gehen?**

   a. Die Lehrer erlauben es nicht

   b. Sie haben nicht immer zur selben Zeit Unterricht

   c. Die Eltern wollen es nicht

   d. Die Brüder mögen sich nicht

4. **Wo ist der Bauernhof mit dem Hühnerstall?**

   a. Neben der Straße auf dem Schulweg

   b. Neben der Schule

   c. Neben dem Forsthaus

   d. Neben dem Weg zum Nachbarn

5. **Was spielt Frank in der Mittagspause gern mit seinen Freunden?**

   a. Verstecken

   b. Blinde Kuh

   c. Seilspringen

   d. Fangen

Answers

1. A – In the Black Forest
2. A – Fresh milk
3. B – They don't always have class at the same time
4. A – Next to the road on the way to school
5. D - Tag

CHAPTER 4

UMWEGE

Elvira seufzte. „Ich kann Ihnen das **Fahrzeug leider** nicht **reservieren**", sagte sie in den Telefonhörer. Der Mann am anderen Ende der Leitung **erwiderte**: „Aber wenn wir doch nun 200 Kilometer zurücklegen, um das Motorrad abzuholen, **müssen** Sie es doch auch reservieren!"

„Nein", das muss ich nicht", antwortete Elvira, „denn ich habe keinerlei **Garantie**, dass Sie dann auch **erscheinen**. Kommt nun jemand, der das Motorrad **kaufen** will, werde ich es auch **verkaufen**. Es tut mir leid, das geht nicht anders."

„Dann werden wir uns noch einmal überlegen, ob wir tatsächlich kommen!", brüllte der Mann wütend. Es war so **laut**, dass Elvira aufblickte, um sich zu vergewissern, dass die **Kunden** in ihrem Geschäft seinen **Wutanfall** nicht mitbekommen hatten.

„**Wie gesagt**, es tut mir wirklich leid …", begann sie, bevor sie merkte, dass der Mann das Gespräch bereits beendet hatte und aus dem Hörer nur noch ein leises Tuten an ihr rechtes **Ohr** drang.

„Sehr **freundlich**", murmelte sie leise und widmete sich wieder ihrem **Papierkram**.

Etwa zwei Stunden später beschloss sie, eine kleine **Kaffeepause** einzulegen und ging zur Kaffeemaschine. Ihr Bruder hatte vor ein paar Tagen darauf bestanden, dass das Geschäft eine **Siebträgermaschine** brauchte.

„Das wird dem alten **Familiengeschäft** ein wenig Leben einhauchen", hatte er gesagt. „Ich bin sicher, dass Mama und Papa die alte Kaffeemaschine schon anschafften, als sie noch **Mitte zwanzig** waren."

Elvira und ihr Bruder hatten das Motorradgeschäft mit Werkstatt vor sechs Jahren übernommen. Sie **arbeiteten** gut zusammen: Er kümmerte sich größtenteils um die Werkstatt, während sie die Kunden im Geschäft betreute und die **Buchhaltung** erledigte.

Als sie das Sieb ausgeklopft, mit frischem Espressopulver befüllt, wieder in die Maschine **eingelegt** und festgedreht hatte, drückte Elvira auf den **Knopf** und wartete darauf, dass ihr der frische **Duft** ihrer Lieblingsbohnen in die Nase stieg.

Sie gab zu, dass es **sinnvoll** gewesen war, sich die Maschine anzuschaffen – wenn sie auch seitdem die **doppelte** Menge Kaffee konsumierte. Aber sie liebte das Aroma frisch gemahlener **Bohnen** und auch die meisten Gäste waren einer duftenden Tasse alles andere als **abgeneigt**.

Gerade wollte Elvira einen Schuss Milch und Zucker in die Tasse geben, da ertönte die kleine **Glocke**, die an der Tür angebracht war, um das Eintreten von Kundschaft zu **verkünden**.

„Hallo", sagte sie lächelnd, als sie sich umwandte und ein Paar mittleren Alters vor sich stehen sah.

„Guten Tag", entgegneten die beiden, „wir sind auf der Suche nach einer Yamaha MT-10. Im Internet haben wir gesehen, dass Sie eine **auf Lager** haben?"

„Das ist **richtig**", erwiderte Elvira und dachte bei sich, wie gut es war, dass sie die Maschine nicht für den wütenden Mann am Telefon reserviert hatte. „Sie wurde erst vorgestern geliefert und wartet **ungeduldig** auf ihren neuen Besitzer."

„Wunderbar. Sie ist die Traummaschine meiner lieben Frau hier. Wir **nehmen** sie."

„Möchten Sie das Motorrad denn nicht zuerst einmal **Probe fahren?**"

„Nein, das wird nicht **nötig** sein. Meine Frau kennt die Maschine. Ich **bezahle** in bar."

Elvira strahlte. Es ging doch auch anders. Manche Menschen waren freundlich und unkompliziert, man musste nur das Glück haben, ihnen zu **begegnen.**

„Wenn Sie sicher sind, **erledigen** wir den schriftlichen Teil hier drüben", antwortete Elvira mit einer Geste zu ihrem Schreibtisch.

Gesagt, getan. Der Mann bezahlte den gesamten **Kaufpreis** in bar – abzüglich eines kleinen **Rabattes**, den man immer bekam, wenn man bar bezahlte -, Elvira händigte den beiden die Schlüssel aus, und genauso **unvermittelt**, wie sie gekommen waren, **verschwanden** sie auch wieder.

„**Gute Bilanz**", rief ihr Bruder von der Werkstatt herüber. Sie lächelte still. Wenn sie jede Maschine schon am dritten Tag verkaufen würde, hätte sie bald ausgesorgt.

Elvira setzte sich zurück an ihren Schreibtisch, auf dem ein **Stapel** Papier lag, der sie ungeduldig anzuglotzen schien. **Seufzend** nahm sie die oberen beiden Blätter vom Stapel, als die Türglocke abermals ertönte.

„Das ist doch **nicht zu fassen!** Da kauft man ihr das Traummotorrad und jetzt beschwert sie sich über die **Farbe!** Das hätte sie schließlich auch früher sagen können! Ihr gefällt die Farbe nicht! Ich glaube, ich spinne. Natürlich habe ich sie **zum Teufel gejagt.** Das können Sie sich ja vorstellen. Ich lasse mir ihre ewigen **Mätzchen** schon viel zu lange bieten! Hier sind die **Schlüssel** und die Papiere, die Maschine steht vor der Tür. Jetzt geben Sie mir mein **Geld** zurück und versuchen Sie gar nicht erst, mir zu widersprechen. Ich kenne meine **Rechte**."

Verblüfft und **sprachlos** öffnete Elvira ihren Mund und schloss ihn dann gleich wieder. „Aber … aber …", war alles, was sie hervorbrachte.

„Na los, ich habe nicht ewig Zeit! Unser **Kaufvertrag** ist hiermit ungültig!"

Elvira wollte nicht mit dem Mann **streiten**, und er war so außer sich, dass er ihr ein wenig Angst machte. Sie öffnete die Kasse und gab ihm die Geldscheine zurück, die er ihr vor zehn Minuten erst gegeben hatte.

„Danke und Tschüss!", hörte sie den Mann noch sagen, bevor er auf dem Absatz **herumwirbelte** und mit **hochrotem** Kopf aus dem Geschäft stürmte.

Elvira holte tief Luft, dann atmete sie langsam wieder aus. Was war heute nur mit den Menschen los?

Gerade wollte sie wieder an ihrem Schreibtisch Platz nehmen, als – wie hätte es anders sein können – die Türglocke zum dritten Mal **schellte**.

„Wenn Sie es sich jetzt wieder anders überlegt haben …", **begann** Elvira, während sie den Kopf hob. Dann verstummte sie, als zwei Männer **eintraten**, die aussahen wie Vater und Sohn.

„Hallo", verkündete der Mann mit voluminöser Stimme, „wir hatten vorhin **telefoniert**. Es ging um die M-10."

„Ach ja, **natürlich**. Ich **erinnere** mich. Sie steht vor der Tür. Es ist lustig – **Sie haben Glück**, denn …"

„Das haben wir schon gesehen. Ich bezahle bar", sagte der Mann und zog einen **Umschlag** aus seiner Jackentasche. „Der passende **Betrag** ist hier drin."

Auch gut, dachte Elvira bei sich. Dieses Mal gab sie keinen Rabatt. Morgen würde sie sich dafür ein **schickes** Paar **Schuhe** kaufen oder eine neue **Handtasche**. Vielleicht auch **beides**. Der Rabatt für Barzahler war ziemlich **großzügig**.

Zusammenfassung der Geschichte

Elvira leitet ein Motorradgeschäft mit Werkstatt als Familienbetrieb mit ihrem Bruder. Nach einem unhöflichen Telefonat mit einem Kunden erlebt sie eine Überraschung: Ein schnell entschlossenes Paar kauft eine Maschine und bezahlt direkt in bar. Allerdings platzt der Traum des guten Geschäfts gleich wieder, als sich das Paar kurz darauf streitet, der Mann das Motorrad zurückgibt und sein Geld zurückverlangt. Elvira kann nur verwundert den Kopf schütteln. Bis die Türglocke wieder ertönt und der Kunde eintritt, mit dem sie zuvor telefoniert hatte ...

Summary of the story

Elvira runs a motorcycle shop with her brother as a family business. After a phone conversation with a rude customer she is in for a surprise: an impulsive couple shows up, buys a motorcycle, and pays for it in cash. However, the dream of having landed a great deal does not last very long, as the couple gets into an argument shortly after and the gentleman returns the motorcycle while requesting his money back. Elvira can only shake her head in confusion. Until the doorbell rings again and the customer from her unpleasant phone conversation walks in...

Vocabulary

- **(das) Fahrzeug:** vehicle
- **leider:** unfortunately
- **reservieren:** to reserve
- **erwidern:** to respond
- **müssen:** to have to
- **(die) Garantie:** guarantee
- **erscheinen:** to show up
- **kaufen:** to buy
- **verkaufen:** to sell
- **laut:** loud
- **(die) Kunden:** customers
- **Wutanfall:** tantrum
- **Wie gesagt:** As I've said
- **(das) Ohr:** ear
- **freundlich:** friendly
- **(der) Papierkram:** paperwork
- **(die) Kaffeepause:** coffee break
- **(die) Siebträgermaschine:** portafilter machine
- **(das) Familiengeschäft:** family business
- **Mitte zwanzig:** mid-twenties
- **arbeiten:** to work
- **(die) Buchhaltung:** accounting
- **einlegen:** to put in
- **(der) Knopf:** button
- **(der) Duft:** scent
- **sinnvoll:** sensible
- **doppelte:** double
- **(die) Bohnen:** beans
- **abgeneigt:** disinclined
- **(die) Glocke:** bell
- **verkünden:** to announce
- **auf Lager:** in stock
- **richtig:** correct
- **ungeduldig:** impatient
- **nehmen:** to take
- **Probe fahren:** to test-drive
- **nötig:** necessary
- **bezahlen:** to pay
- **begegnen:** to encounter
- **erledigen:** to take care of
- **(der) Kaufpreis:** sales price
- **(der) Rabatt:** discount
- **unvermittelt:** unexpected
- **verschwinden:** to disappear
- **(die) Gute Bilanz:** good record
- **(der) Stapel:** stack/pile
- **seufzen:** to sigh
- **(die) Farbe:** the color

- **zum Teufel jagen:** to send sb. packing
- **(die) Mätzchen:** antics
- **(der) Schlüssel:** key
- **(das) Geld:** money
- **(die) Rechte:** rights
- **verblüfft:** dumbfounded
- **sprachlos:** speechless
- **(der) Kaufvertrag:** sales contract
- **streiten:** to argue
- **herumwirbeln:** to spin around
- **hochrot:** bright red
- **schellen:** to ring
- **beginnen:** to start
- **eintreten:** to come in
- **telefonieren:** to speak on the phone
- **natürlich:** of course
- **erinnern:** to remember
- **Sie haben Glück:** You're lucky
- **(der) Umschlag:** envelope
- **(der) Betrag:** amount
- **schick:** posh
- **(die) Schuhe:** shoes
- **(die) Handtasche:** purse
- **beides:** both
- **großzügig:** generous

Questions about the story

1. **Was verlangt der Mann am Telefon von Elvira?**

    a. Ihm das Motorrad zu schicken

    b. Ihm das Motorrad zu reservieren

    c. Ihm das Motorrad zu verkaufen

2. **Mit wem leitet Elvira das Geschäft?**

    a. Mit ihrer Mutter

    b. Mit ihrem Vater

    c. Mit ihrer Mutter und ihrem Vater

    d. Mit ihrem Bruder

3. **Was gefällt der Frau an dem Motorrad nicht?**

    a. Die Größe

    b. Das Material

    c. Die Farbe

    d. Nichts, ihr gefällt alles

4. **Wann gibt es bei Elvira immer einen Rabatt?**

    a. Wenn man bar bezahlt

    b. Wenn man mit Karte bezahlt

    c. Wenn man vorher anruft

    d. Wenn man nicht Probe fährt

5. **Wie sehen die letzten beiden Kunden aus, die das Motorrad kaufen?**

    a. Wie Brüder

    b. Wie Studenten

    c. Wie Polizisten

    d. Wie Vater und Sohn

Answers

1. B – To reserve the bike for him
2. D – With her brother
3. C – The color
4. A – If you pay cash
5. D – Like father and son

CHAPTER 5

EIN HASE KOMMT SELTEN ALLEIN

„Sind die **niedlich**!", rief Sabina. „Schau mal, Fabian, der Braune mit den Schlappohren! Ist er nicht **zuckersüß**?" Dabei machte sie ein **entzücktes** Gesicht, ihre Augen wurden ganz groß und sie **strahlte** bis über beide Ohren.

„Ich finde den grauweiß **gefleckten** am niedlichsten", antwortete Fabian und dachte bei sich, dass sein eigenes **Gesicht** wahrscheinlich kein bisschen besser aussah als ihres.

Der Zoohändler kam zu ihnen herüber. „Kann ich euch beiden **helfen**?", fragte er freundlich.

„Ja", erwiderte Fabian, „wir würden gerne diese beiden Zwergkaninchen kaufen." Er zeigte auf die beiden **Kaninchen**, die sie sich **ausgesucht** hatten.

„**Wunderbar**!", sagte der Verkäufer lächelnd. „Sie sind noch ganz jung – erst **acht Wochen** alt. Der Braune mit den Haarbüscheln am Kragen und den Schlappohren ist ein **Männchen**, die kleine Grauweiße ein **Weibchen**."

„Prima!", gaben die beiden wie aus einem Munde zurück.

Wenig später saßen Sabina und Fabian in ihrem **Kleinwagen**, auf dem Rücksitz stand **angeschnallt** ein großer Karton mit Löchern, in dem es aufgeregt **raschelte**. Den Käfig hatten sie mit Mühe und Not gerade noch in den **Kofferraum** gequetscht.

Zuhause angekommen, standen sie vor der ersten **Herausforderung** als frischgebackene Hasenbesitzer, **Gehege**, Futter, sonstiges Zubehör und natürlich die Tiere selbst in ihre Wohnung hinaufzutragen. Einen Aufzug gab es in dem Altbau nicht.

Eine Stunde später hatten die beiden den vierten Gang hinter sich und standen **schweißnass** und **keuchend** im Wohnzimmer.

„Wohin sollen wir den Käfig stellen?", fragte Fabian.

„Hmmm", antwortete Sabina. „Vielleicht hier drüben an die Wand? Dann sind die beiden immer in unserer Nähe."

„Das ist perfekt! Dann baue ich ihn auf."

Während Fabian damit **beschäftigt** war, den Käfig zusammenzubauen, spielte Sabina mit den beiden **jungen** Hasen. In den ersten Minuten waren sie noch ein wenig **schüchtern** und **zitterten** sogar leicht, wenn sie sie in den Händen hielt. Aber schon bald schienen sie sich an ihre neue Hasenmama gewöhnt zu haben und beschnupperten sie **neugierig** mit auf und nieder wackelnden Näschen.

„Wie sollen wir sie **nennen**?", rief Fabian herüber.

Sabina dachte nach. „Wie wäre es mit Susi und Strolch? Sie waren ein genauso niedliches Paar."

Lachend gab Fabian zurück: „Du hast die besten **Ideen**. Susi und Strolch passt super zu ihnen."

Außerdem schienen Susi und Strolch sich sehr zu **mögen** – und das nicht nur auf **freundschaftliche** Weise. Schon nach ein paar Tagen gab es die ersten Zwischenfälle, bei denen Sabina und Fabian Strolch von einer wild **quiekenden** Susi entfernen mussten, weil er sie, scheinbar gegen ihren **Willen**, **bestiegen** hatte.

„Ob wir die beiden zum **Tierarzt** bringen und kastrieren lassen sollten?", fragte sich Fabian laut. „Man hört ja immer, dass Kaninchen sich sehr schnell **vermehren**."

„Ich glaube, dafür sind sie noch zu jung", meinte Sabina. „Mit acht Wochen kann Susi sicher noch nicht **schwanger** werden. Ich denke auch, acht Wochen ist zu jung, um sie kastrieren zu lassen. Sie sind schließlich selbst noch Babys."

Fabian schürzte die **Lippen**. „Wahrscheinlich hast du recht. Aber wir sollten demnächst einen Tierarzt anrufen, um zu fragen. Es schadet nichts, sicher zu gehen."

Nun war es so, dass Sabina und Fabian beide einen sehr **anstrengenden** Beruf hatten und im Wesentlichen die meiste Zeit bei der Arbeit verbrachten. Natürlich hatten sie zu diesem **Zweck** zwei Hasen mit nach Hause genommen und nicht nur einen, um zu **gewährleisten**, dass ein Kaninchen allein sich nicht langweilen würde.

Dennoch stellten sie sich nach nicht allzu langer Zeit die **Frage**: „War es die richtige **Entscheidung**, Kaninchen zu uns zu nehmen? Wir haben eigentlich nicht genug Zeit, uns um sie zu kümmern."

Und weil die beiden süßen kleinen Hasen Sabina und Fabian so leidtaten, beschlossen sie schon bald, die beiden **herzuschenken**.

„Wenn wir eine Familie mit Kindern finden, hätten sie ein liebevolles, neues **Zuhause**", meinte Fabian. „Dann gäbe es jemanden, der viel Zeit mit ihnen verbringen und mit ihnen **spielen** könnte."

Kurzerhand setzten die beiden eine Annonce in das **Wochenblatt** ihrer kleinen Heimatstadt.

„Zwei Zwergkaninchen abzugeben, drei Monate alt, nur in sehr gute Hände", stand da.

Wenige Tage darauf war es ihnen **tatsächlich** gelungen, nach einem ausgesprochen netten Telefonat mit einer Frau aus einem nahegelegenen Dorf einen **Termin** für den darauffolgenden Samstag zu machen.

Am Samstagmorgen klingelte es wie besprochen um 10:00 Uhr an der Haustür. Sabina drückte auf den Türöffner. „Wir sind **ganz oben**!", rief sie durch das **Treppenhaus**.

Wenige Minuten später traf die Frau mit ihrem kleinen Sohn ein, der sofort denselben Gesichtsausdruck aufsetzte, den Sabina und Fabian in der **Zoohandlung** gehabt hatten.

Die beiden waren **froh**: Sie hatten jemandem eine Freude gemacht und ein gutes Zuhause für Susi und Strolch gefunden.

Sie halfen der Frau und ihrem Sohn, den Käfig hinunterzutragen und in den Kofferraum ihres VW-Kombi zu **schieben**. „Vielen Dank für die **Hilfe**", sagte die Frau mit einem warmen Lächeln. „Wir freuen uns schon so sehr darauf, die Kleinen in ihr neues Zuhause zu bringen! Ben hier hat noch zwei Schwestern, die ganz ungeduldig auf unsere Rückkehr warten.

„**Gern geschehen**", erwiderte Fabian. „Wir hatten einfach nicht genug Zeit für die beiden. Sie **verdienen** ein besseres Leben als das, was wir ihnen geben konnten. **Viel Spaß**, und passen Sie gut auf die Kaninchen auf!"

Sie verabschiedeten sich und sahen dem Kombi nach, als er die Straße hinunterfuhr und um eine Ecke bog. Froh, aber dennoch etwas **traurig** gingen Sabina und Fabian wieder hinauf in ihre **Wohnung**.

Als eine Stunde vergangen war, sagte Sabina **nachdenklich**: „Inzwischen sollten sie schon längst daheim angekommen sein. Hoffentlich ist ihnen nichts passiert."

„Wir können doch **anrufen** und fragen", schlug Fabian vor.

Sabina rief die Frau an, die bei ihnen gewesen war, aber niemand nahm das Telefon ab. „**Seltsam**", sagte sie. „Ich hoffe, es ist alles in Ordnung."

Als die beiden gerade beschlossen hatten, es zehn Minuten später erneut zu **versuchen**, klingelte Sabinas Handy.

„Sie hatten versucht, mich anzurufen?", fragte die Frau von vorhin.

„Ja, wir wollten nur wissen, ob Sie gut zuhause **angekommen** sind", antwortete Sabina.

„Ach, ja, aber ja doch, das sind wir! Es war nur recht kurios", kam es vom anderen Ende zurück, „denn wir sind mit zwei Hasen bei Ihnen **losgefahren**, aber als wir eine halbe Stunde später vor unserem Haus hielten, hatten wir **neun**!" Sie lachte schrill.

Es dauerte eine Sekunde, bis Sabina **verstand**. Dann schoss ihr die Erkenntnis in die Brust wie eine **Stoßwelle**. „Um Himmels willen!", rief sie. „Das … das tut mir so furchtbar leid, wir hatten ja **keine Ahnung**! Wirklich nicht, ich **schwöre** es!" Sie sah Fabian an und formte mit den Lippen das Wort „schwanger".

Die Frau am anderen Ende lachte immer noch. „Das macht doch nichts. Susi hat den richtigen Moment **abgewartet** und wir haben viel Platz im Haus!"

Kopfschüttelnd beendete Sabina das Gespräch. „**Schwein gehabt**", sagte sie. „Oder sollte ich ‚Hase' sagen?"

Zusammenfassung der Geschichte

Sabina und Fabian kaufen sich zwei Baby-Zwergkaninchen in der Zoohandlung, ein Männchen und ein Weibchen. Nachdem sie die beiden nach Hause gebracht, sich mit ihnen eingerichtet und ihnen Namen gegeben haben, wird ihnen nach wenigen Wochen schnell klar, dass sie mit ihren stressigen Jobs eigentlich nicht genug Zeit haben, sich um zwei Haustiere zu kümmern. Also annoncieren sie die beiden in der örtlichen Zeitung. Schon bald meldet sich eine Dame und holt die beiden ab. Der Haken an der Sache: Auf der Fahrt in ihr neues Zuhause wirft das Hasenweibchen sieben Junge, von denen niemand etwas gewusst hatte.

Summary of the story

Sabina and Fabian buy two bunnies at a pet store: one male and the other female. After they've taken them home, arranged everything for them to be comfy, and given them names they realize after a few weeks that their busy jobs don't allow for enough time to take care of two pets. Consequently, they put up an ad in the local newspaper to give the bunnies away. A lady soon gets in touch and picks up the bunnies. However, on the drive to its new home, the female bunny gives birth to seven kittens that no one had known were on the way.

Vocabulary

- **niedlich:** cute
- **zuckersüß:** sweet as sugar
- **entzückt:** delighted
- **strahlen:** to beam
- **gefleckt:** mottled
- **(das) Gesicht:** the face
- **helfen:** to help
- **(das) Kaninchen:** bunny
- **aussuchen:** to pick/choose
- **wunderbar:** wonderful
- **acht Wochen:** eight weeks
- **(das) Männchen:** male
- **(das) Weibchen:** female
- **(der) Kleinwagen:** compact car
- **anschnallen:** to buckle up
- **rascheln:** to rustle
- **(der) Kofferraum:** trunk
- **(die) Herausforderung:** challenge
- **(das) Gehege:** cage
- **schweißnass:** sweaty
- **keuchen:** to pant
- **beschäftigt:** occupied
- **jung:** young
- **schüchtern:** shy
- **zittern:** to shake
- **neugierig:** curious
- **nennen:** to call
- **(die) Idee:** idea
- **außerdem:** besides
- **mögen:** to like
- **freundschaftlich:** friendly
- **quieken:** to squeak
- **(der) Wille:** will
- **besteigen:** to mount
- **(der) Tierarzt:** vet
- **vermehren:** to multiply
- **schwanger:** pregnant
- **(die) Lippen:** lips
- **anstrengend:** exhausting/demanding
- **(der) Zweck:** purpose
- **gewährleisten:** to assure
- **(die) Frage:** the question
- **(die) Entscheidung:** decision
- **herschenken:** to give away
- **Zuhause:** (at) home
- **spielen:** to play
- **(das) Wochenblatt:** weekly local newspaper
- **tatsächlich:** in fact
- **(der) Termin:** appointment
- **ganz oben:** at the very top

- **(das) Treppenhaus:** staircase
- **(die) Zoohandlung:** pet store
- **froh:** glad
- **schieben:** to push
- **(die) Hilfe:** the help
- **gern geschehen:** you're welcome
- **verdienen:** to deserve
- **Viel Spaß:** Have fun
- **traurig:** sad
- **(die) Wohnung:** apartment
- **nachdenklich:** pensive
- **anrufen:** to call
- **seltsam:** strange
- **versuchen:** to try
- **ankommen:** to arrive
- **losfahren:** to leave/set off
- **neun:** nine
- **verstehen:** to understand
- **(die) Stoßwelle:** shock wave
- **keine Ahnung:** no idea
- **schwören:** to swear
- **abwarten:** to await/wait for sth
- **Schwein gehabt:** dead lucky

Questions about the story

1. **Wie alt sind die Hasen, als Sabina und Fabian sie kaufen?**

   a. Sechs Wochen

   b. Acht Wochen

   c. Zehn Wochen

2. **Welche Farbe hat Susi?**

   a. Schwarz

   b. Weiß

   c. Schwarzweiß gefleckt

   d. Braun

3. **Welche Farbe hat Strolch?**

   a. Braun

   b. Grau

   c. Schwarzweiß gefleckt

   d. Weiß

4. **Wie viele Kinder hat die Frau, die die Hasen zu sich nimmt?**

   a. Einen kleinen Sohn

   b. Eine kleine Tochter

   c. Einen kleinen Sohn und zwei Töchter

5. **Wie viele Hasen hat die Frau, als sie zuhause ankommt?**

   a. Sieben

   b. Acht

   c. Neun

   d. Zehn

Answers

1. B – Eight weeks
2. C – Black and white
3. A - Brown
4. C – A little son and a little daughter
5. C - Nine

CHAPTER 6

MEIN TAG AUF DEM PONYHOF

Ich freue mich schon auf morgen, denn morgen geht meine **Tante** mit mir reiten.

In der ersten Woche der **Sommerferien** habe ich mit meiner Mama Mutter-Kind-Reiten gemacht. Das heißt, jeden Tag von 9:00 Uhr **morgens** bis 12:00 Uhr **mittags** waren wir zusammen auf dem Ponyhof.

Das ist lustig, denn normalerweise gehe ich **einmal pro Woche** allein dorthin und nehme **Reitstunden**. Mama kann überhaupt nicht reiten, und es hat Spaß gemacht, ihr zu erklären, was man alles **beachten** muss, wenn man mit einem **Pferd** arbeitet.

Ich bin gerade erst sieben Jahre alt geworden, also macht es mich stolz, Mama etwas **zeigen** zu können. Aber morgen wird es ganz **anders**. Denn meine Tante kann sehr gut reiten. Und ich kann es kaum erwarten, ihr zu zeigen, was ich schon **gelernt** habe!

Als Mama am nächsten Morgen in mein **Zimmer** kommt, um mich zu wecken, bin ich schon längst wach, weil ich schon gestern so **aufgeregt** war.

„Lotta, aufstehen! Ein schnelles **Frühstück** und dann geht's los zum Reiten!"

Ich **fliege** geradezu aus meinem Bett. „Ja!", sage ich laut. Meine Reithose und das T-Shirt, das meine Tante mir letztes Jahr aus dem **Urlaub** mitgebracht hat, liegen schon bereit. Schnell schlüpfe ich hinein und rase ins Bad, um mir die **Zähne** zu putzen, dann nach unten zum Küchentisch.

Schnell esse ich meine Schüssel Müsli und gehe zur Tür, um in meine **Reitstiefel** zu schlüpfen. „Mama", rufe ich zurück in die Wohnung. „Wir müssen los, sonst kommen wir noch zu spät."

Am Ponyhof angekommen, wartet meine Tante schon auf uns. Wir **winken** ihr aus dem Auto zu, als wir in die **Einfahrt** biegen. Sie hat sogar **Karotten** für die Pferde dabei.

Wir parken und steigen aus dem Auto. Mama kommt noch kurz mit, um die Pferde zu begrüßen, muss aber danach mit meinem kleinen Bruder wieder nach Hause, weil Papa heute arbeiten muss und nicht auf ihn aufpassen kann. Ich kann mein Pferd Lucky schon auf der **Weide** sehen.

Als Erstes erklärt die **Reitlehrerin** uns, was heute auf dem Programm steht. Wir machen einen **Ausritt** ohne **Sattel**, danach darf sich jeder von uns eine Kür überlegen, die wir zum letzten Tag des Mutter-Kind-Reitens **präsentieren** wollen.

Dann holen wir die Pferde und **striegeln** sie. Gott sei Dank ist meine Tante stark und kann Luckys **Hufe** für mich halten, während ich sie auskratze! Das würde ich allein noch nicht schaffen.

Als die Pferde schön gebürstet sind, geht es los. **Nacheinander** klettern wir auf die Treppe, dann setzen wir uns auf die **Rücken** unserer Pferde und reiten einer nach dem anderen auf den Feldweg, der in Richtung **Wald** führt.

Unterwegs gibt es viele **Bremsen**, und meine arme Tante ist die ganze Zeit nur damit beschäftigt, mit einem Zweig nach ihnen zu schlagen, damit sie sich nicht auf Luckys Hintern setzen und ihn **stechen**! Denn dann **erschrickt** er womöglich noch und rennt uns davon!

Nachdem wir um zwei Ecken gebogen sind, gibt die Reitlehrerin bekannt: „Achtung, da vorne ist eine **Kuhweide**! Es könnte sein, dass Lucky und Frieda sich ein wenig erschrecken!"

Als wir uns der Weide nähern, spüre ich schon, wie Lucky etwas **nervös** wird. Wie albern, denke ich, schließlich sieht er mit seinen schwarzweißen Flecken selbst wie eine Kuh aus, warum **fürchtet** er sich denn?

Aber meine Tante **packt** ihren Führstrick fester und tätschelt Lucky den Hals. Das **beruhigt** ihn, und wir kommen unversehrt an den Kühen vorbei.

Zurück am Reitplatz ist die Kür fällig, aber zuerst werden die Pferde noch gesattelt.

Ich habe während des Ausrittes ohnehin schon alles genau geplant.

Als wir die Pferde gesattelt auf den Reitplatz **geführt** haben, bitte ich meine Tante, Lucky einen Moment lang für mich **festzuhalten**, während ich das **Zubehör** besorge, das ich für mein Kunststück brauche. Es besteht aus einem Hula-Hoop-Reifen, einer langen **Holzstange** und einem Hindernis für Lucky.

Ich lasse mich von meiner Tante wieder in den Sattel heben und drehe die Stange wie ein Samurai-Schwert vor mir.

Natürlich erschrickt Lucky dabei und rennt los wie angestochen!

„Oh nein!", schreit meine Tante, „halte dich gut fest, Lotta!"

Ich komme mir vor wie eine Rodeo-Reiterin, als Lucky mit mir zuerst über das **Hindernis** springt, das ich für ihn aufgebaut habe, und dann in vollem Galopp eine Runde über den Reitplatz dreht. Mit **beiden Händen** klammere ich mich fest um das Horn des Sattels.

Bei den anderen Reiterinnen, die mitsamt Mutter und Pferd am Eingang zum Reitplatz gewartet haben, bleibt Lucky schließlich stehen und fängt an zu **grasen**.

„Wow!", ruft meine Reitlehrerin, „war das **Absicht** mit dem Galopp?"

„**Quatsch**", sage ich, „ich habe ihn **versehentlich** mit meinem Stock erschreckt!"

Alle lachen und **klatschen** Beifall für mein gelungenes misslungenes **Kunststück**. „Das erste Mal Galopp, und dann gleich vor **Zuschauern**!", sagt meine Tante. „Ich bin so **stolz** auf dich, Kleines!"

Zusammenfassung der Geschichte

Die siebenjährige Lotta ist verrückt nach Pferden. Kein Wunder, dass sie sich besonders darauf freut, mit ihrer Tante, die ebenfalls reitet, einen ganzen Vormittag auf dem Ponyhof bei ihrem Lieblingspferd verbringen zu dürfen. Ein Ausritt steht auf dem Programm, danach darf jeder Reiter sich ein freies Kunststück mit seinem Pferd ausdenken. Lottas Kunststück geht ganz schön schief, als ihr Pferd erschrickt, wird aber letzten Endes doch noch ein voller Erfolg.

Summary of the story

Seven-year-old Lotta is crazy about horses. No wonder that she is really excited about getting to spend a whole morning with her aunt at the pony farm and on her favorite horse. A trail ride is on today's schedule, along with a creative piece each rider can come up with for themselves. Lotta's piece is rapidly going south when she accidentally startles her horse, but she manages to turn it into a great success after all.

Vocabulary

- **(die) Tante:** aunt
- **(die) Sommerferien:** summer holidays
- **morgens:** in the morning
- **mittags:** around midday/at lunchtime
- **einmal pro Woche:** once a week
- **(die) Reitstunden:** riding lessons
- **beachten:** to pay attention
- **(das) Pferd:** horse
- **zeigen:** to show
- **anders:** different
- **lernen:** to learn
- **(das) Zimmer:** room
- **aufgeregt:** excited
- **(das) Frühstück:** breakfast
- **fliegen:** to fly
- **(der) Urlaub:** vacation
- **(die) Zähne:** teeth
- **(die) Reitstiefel:** riding boots
- **winken:** to wave
- **(die) Einfahrt:** driveway
- **(die) Karotten:** carrots
- **(die) Weide:** pasture
- **(die) Reitlehrerin:** riding instructor
- **(der) Ausritt:** trail ride
- **(der) Sattel:** saddle
- **präsentieren:** to present
- **striegeln:** to brush (horse)
- **(die) Hufe:** hooves
- **nacheinander:** one by one
- **(der) Rücken:** the back
- **(der) Wald:** forest
- **(die) Bremse:** horse fly
- **stechen:** to bite (e.g. bugs, insects)
- **(sich) erschrecken:** to startle
- **nervös:** nervous
- **sich fürchten:** to be afraid/to be scared
- **packen:** to grab
- **beruhigen:** to calm down
- **führen:** to lead
- **festhalten:** to hold on to
- **(das) Zubehör:** accessories
- **(die) Holzstange:** wooden stick
- **(das) Hindernis:** obstacle
- **beide Hände:** both hands
- **grasen:** to graze

- **(die) Absicht:** intention
- **(der) Quatsch:** nonsense
- **versehentlich:** accidentally
- **klatschen:** to applaud
- **(das) Kunststück:** trick
- **(die) Zuschauer:** audience
- **stolz:** proud

Questions about the story

1. **Mit wem geht Lotta reiten?**
   a. Mit ihrem Vater
   b. Mit ihrer Oma
   c. Mit ihrer Tante
   d. Mit ihrer Schwester

2. **Welche Farbe hat Lucky?**
   a. Schwarzweiß
   b. Braun
   c. Schwarz
   d. Grau

3. **Welche Insekten muss Lottas Tante während dem Ausritt verscheuchen?**
   a. Mücken
   b. Bremsen
   c. Libellen
   d. Spinnen

4. **Was tut Lotta mit Lucky unabsichtlich zum ersten Mal während ihres Kunststücks?**
   a. Sie fällt vom Pferd
   b. Sie galoppiert
   c. Sie trabt
   d. Nichts

5. **Wie kommt Lotta sich vor, als Lucky erschrickt und galoppiert?**
   a. Wie eine Rodeo-Reiterin
   b. Wie ein kleines Kind
   c. Wie ein Springreiter
   d. Wie eine Fee

Answers

1. C – With her aunt
2. A – Black and white
3. B - Horseflies
4. B – She gallops
5. A – Like a rodeo rider

CHAPTER 7

TAPETENWECHSEL

„Schäfer", sagte Verena und **reichte** dem Herrn am Check-In-Schalter ihren Reisepass. „**Willkommen**, Frau Schäfer", erwiderte dieser und legte das **Dokument** auf seinen Scanner. „Wohin führt die **Reise**?" „Austin, Texas", gab Verena zurück. „Meine beste Freundin lebt dort." „Alles klar! Ich **wünsche** Ihnen einen guten Flug und einen schönen Urlaub", sagte der Mann am **Schalter** lächelnd und gab ihr den Pass zurück. Dann legte er eine Bordkarte daneben.

„Danke", antwortete Verena, nahm Pass und Bordkarte und **trat beiseite**. Als sie die Dokumente in ihrer Handtasche **verstaut** hatte, machte sie sich auf den Weg zum Gate. Sie freute sich auf ihre beste Freundin Steffi, die zusammen mit ihrem Mann Kevin bereits seit zehn Jahren in den USA lebte.

Ich **brauche** diesen Urlaub so **dringend**, dachte sie bei sich, während sie sich in die Schlange an der Sicherheitskontrolle einreihte. Vor zwei Wochen hatte sie sich von ihrem Freund Stefan getrennt.

Sie kämpfte gegen die **Tränen**, die ihr in die Augen steigen wollten. Sicher nicht, dachte sie, ich bin **inmitten** hunderter Menschen. Sie sollen mich nicht **weinen** sehen, und Stefan hat es nicht verdient, dass ich ihm so nachtrauere!

Stefan hatte sie **betrogen** und belogen. Während ihrer ganzen **Beziehung** hatte er noch eine andere Freundin neben ihr gehabt. **Zufällig** hatte sie die beiden in einem Café in Hamburg gesehen, als Stefan ihr gesagt hatte, er sei auf **Geschäftsreise**.

Wie **dumm** von ihm, dorthin zu gehen, er hätte ja wenigstens tatsächlich die Stadt verlassen und sie mitnehmen können, dachte sie **im Nachhinein**, aber sie verscheuchte die Frage, warum das alles geschehen war. Sie würde sich nicht mehr im **Selbstmitleid** suhlen.

Natürlich war sie sofort auf die beiden zugestürmt, um die Situation zu **klären** – immerhin hätte es auch sein können, dass sie sich in irgendeiner Form täuschte, oder dass es sich um ein **Missverständnis** handelte.

Aber es war kein Missverständnis: Als sie den Tisch erreichte, an dem die beiden saßen, **hielten sie Händchen** und sahen einander ganz verliebt an.

Verena hatte sich **geräuspert** und hallo gesagt. Stefan musste ihre Stimme sofort **erkannt** haben, denn er erstarrte und hatte erst nach einem Augenblick langsam zu ihr aufgeblickt. „Verena …“, begann er, aber sie fiel ihm ins Wort: „Ich will **nichts** hören. Nichts. Du kannst deine Sachen **abholen**, ich will, dass du noch heute ausziehst. Du wirst ja nicht zu lange nach einer Bleibe suchen müssen.“

Tatsächlich hatte er am Abend seine Sachen gepackt und war gegangen. Dabei hatte er **unentwegt** beteuert, dass er Verena liebe und dass er die andere schon sehr lange kenne, aber gerade mit ihr **Schluss machen** wollte.

Das **beeindruckte** Verena nicht im Geringsten. Sie war lange mit Stefan zusammen gewesen, beinahe zwei Jahre. Nichts, was er sagen konnte, würde ihn oder die Beziehung retten. Es war **vorbei**.

Bei diesem Gedanken **verlor** sie den **Kampf** gegen die Tränen. Heiß und **brennend** stiegen sie ihr in die Augen, ausgerechnet, als sie ihre Tasche auf das Laufband legte und durch den **Metalldetektor** trat. Zum Glück wurde sie nicht näher untersucht.

Ich **liebe** ihn, aber es ist vorbei, dachte sie. Und jetzt mache ich Urlaub. Das wird meine Schmerzen lindern.

Dröhnend und polternd setzte die Maschine in Texas auf. Verena lächelte. Sie hatte während des Fluges sogar ein wenig **geschlafen**, was ihr nicht immer gelang. Da wären wir, dachte sie voller Vorfreude. Jetzt kann sich mein Herz von diesem **grausamen** Kerl erholen.

Steffi wartete schon am **Ausgang** auf sie und schloss sie fest in ihre Arme. „Es tut mir so leid, Süße", sagte sie. „Du hast das nicht verdient. Und vor allem hat er dich nicht verdient, wenn er dich so **behandelt**!" „Danke", antwortete Verena. „Es ist schön, dich zu sehen. **Ich habe Hunger**! Bringen wir mein **Gepäck** zu dir und gehen Tacos essen und Margaritas trinken!"

Auf der Fahrt zu Steffis Haus versank Verena in der abendlichen **Landschaft**. Die feuerrote Sonne versank hinter einem **zackigen** Horizont und warf lange, müde Schatten auf den heißen Boden. Verträumte **Streifen** von Pink, Blutrot und Flieder breiteten sich über den endlosen **Himmel** aus. Warum ist der Himmel hier so viel weiter und größer?, fragte sie sich oft. Es musste etwas mit Längen- oder Breitengrad zu tun haben, vielleicht auch mit beidem. Sie wusste es nicht.

Es war Ende Juli, in einer Woche hatte Verena **Geburtstag**. Die Luft in Texas war zu dieser Jahreszeit besonders trocken, und die **gnadenlos** heißen Tage neigten sich **dankbar** zu etwas kühleren Abenden, die geradezu darum bettelten, bei Tacos und Margaritas in Verenas Lieblingskneipe verbracht zu werden.

Verena versuchte, ihre Freundin zweimal pro Jahr zu **besuchen**. Ginge es nach ihr und gäbe es eine Möglichkeit, würde sie nichts lieber tun, als ebenfalls **auszuwandern**. Wer weiß, dachte sie, vielleicht ergibt sich eines Tages eine **Gelegenheit**.

„Weißt du, er hat nie zu dir **gepasst**", riss Steffi sie aus ihren Gedanken. „Ich wollte dir das nie sagen, denn schließlich muss jeder selbst wissen, was ihn **glücklich** macht. Aber er war überhaupt nicht dein Typ. Du magst Männer mit dunklen Haaren und dunkler Haut, Freigeister, Künstlertypen. Dieser Stefan war ein strohblonder Banker, der nur die Arbeit im Kopf hatte. Vielleicht ist es **besser** so."

„Kann schon sein", murmelte Verena, „aber momentan fällt es mir schwer, so zu denken. Es ist einfach noch zu frisch. **Eines Tages** komme ich über ihn weg, dann habe ich vielleicht auch wieder Lust, mich nach anderen Männern umzusehen."

Steffi lächelte ihr liebevoll zu. „Ja. Das hoffe ich."

Als sie das Velvet Taco erreichten, parkte Steffi ihren Truck und **verlangte** an der Tür einen Terrassentisch für zwei Personen. „Kevin bleibt zuhause und lässt uns einen **Mädelsabend** machen", informierte sie Verena.

Fast gelang es Verena, ihren Kummer zu vergessen und glücklich zu sein. Die Tacos schmeckten wie immer **vorzüglich**, und mit vollem Magen sah die Welt – vor allem nach der zweiten Margarita – schon viel besser aus. Sie lächelte **zufrieden**. „So lässt es sich aushalten."

Einen Moment lang schwiegen die beiden Freundinnen und ließen ihr Umfeld auf sich wirken. Die Geräusche von Nachttieren drangen ihnen an die Ohren, hin und wieder fuhr auf der **Landstraße** ein Auto vorbei. Auf der Suche nach der Kellnerin schweifte Verenas Blick zur **Theke**.

Dort saß ein großer, dunkelhaariger Mann, etwa so alt wie sie, mit einem sauber gestutzten **Dreitagebart**. Er fiel ihr auf, weil er einer der wenigen war, die keinen Hut trugen. Stattdessen sah sie verwaschene Blue Jeans und Cowboystiefel, ein gelbschwarz **kariertes** Hemd unterstrich seine funkelnden dunklen Augen ..., die sie **ansahen**!

„Wer ist das?", fragte Verena Steffi, die in ihrem Stammlokal für gewöhnlich alle anderen Gäste kannte.

„Das ist Jeff", erwiderte ihre Freundin. „Er ist seit zwei Jahren **Witwer**. Genau dein Typ, oder? Und zufällig weiß ich, dass du auch seiner bist. Ich hatte schon immer gehofft, dass ihr euch einmal begegnet."

Noch bevor Verena über eine Antwort nachdenken konnte, stand Jeff auf und machte sich auf den Weg zu ihrem Tisch. „Hi", begann er mit einem Lächeln, bei dem Verena warm ums **Herz** wurde, „darf ich mich zu euch setzen?"

„Natürlich, Jeff", sagte Steffi. Verena lächelte noch breiter. Ja, dieser Urlaub war in der Tat genau das, was sie brauchte.

Zusammenfassung der Geschichte

Verena hat Liebeskummer. Ihr Freund Stefan hat sie betrogen und ihr blieb nichts anderes übrig, als die Beziehung zu beenden. Frustriert und traurig fliegt sie nach Texas, um aufzutanken und ihre beste Freundin Steffi zu besuchen. Dort angekommen, tut der Ortswechsel sofort gut, als sie mit Steffi in ihrem Lieblingsrestaurant sitzt. Ganz zu schweigen von dem attraktiven Fremden, der ein Auge auf die geworfen zu haben scheint.

Summary of the story

Verena suffers from a broken heart. Her boyfriend, Stefan, had cheated on her and left her with no other option but to end the relationship. Frustrated and sad she flies out to Texas to recharge her batteries and visit her best friend, Steffi. Her mood immediately improves when she sits down with Steffi at her favorite restaurant. Furthermore, there is a handsome stranger who seems to be trying to catch her eye.

Vocabulary

- **reichen:** to give
- **Willkommen:** welcome
- **(das) Dokument:** the document
- **(die) Reise:** the trip
- **wünschen:** to wish
- **(der) Schalter:** the counter
- **beiseite treten:** to step off to the side
- **verstauen:** to stow away
- **brauchen:** to need
- **dringend:** urgent
- **(die) Tränen:** the tears
- **inmitten:** amidst
- **weinen:** to cry
- **betrügen:** to cheat
- **(die) Beziehung:** relationship
- **zufällig:** by accident/by chance
- **(die) Geschäftsreise:** business trip
- **dumm:** stupid/dumb
- **im Nachhinein:** in hindsight
- **(das) Selbstmitleid:** self-pity
- **klären:** to clarify
- **(das) Missverständnis:** misunderstanding
- **Händchen halten:** to hold hands
- **räuspern:** to clear one's throat
- **erkennen:** to recognize
- **nichts:** nothing
- **abholen:** to pick up
- **unentwegt:** incessantly
- **Schluss machen:** to break up
- **beeindrucken:** to impress
- **vorbei:** over
- **verlieren:** to lose
- **(der) Kampf:** the battle
- **brennen:** to burn
- **(der) Metalldetektor:** metal detector
- **lieben:** to love
- **schlafen:** to sleep
- **grausam:** cruel
- **(der) Ausgang:** the exit
- **behandeln:** to treat
- **Ich habe Hunger:** I'm hungry
- **(das) Gepäck:** luggage

- **(die) Landschaft:** countryside
- **zackig:** ragged
- **Streifen:** stripes
- **(der) Himmel:** sky
- **(der) Geburtstag:** birthday
- **gnadenlos:** merciless
- **dankbar:** thankful
- **besuchen:** to visit
- **auswandern:** to emigrate
- **(die) Gelegenheit:** opportunity
- **zu jemandem passen:** to be a good match for sb.
- **glücklich:** happy

- **besser:** better
- **eines Tages:** one day
- **verlangen:** to ask for
- **Mädelsabend:** girl's night
- **vorzüglich:** delicious
- **zufrieden:** content
- **(die) Landstraße:** country road
- **(die) Theke:** bar
- **(der) Dreitagebart:** three-day stubble
- **kariert:** checkered
- **ansehen:** to look at
- **(der) Witwer:** widower
- **(das) Herz:** heart

Questions about the story

1. **Wie heißt Verena mit Nachnamen?**

   a. Müller

   b. Schäfer

   c. Schneider

   d. Schmidt

2. **Wie lange waren Stefan und Verena zusammen?**

   a. Zwei Jahre

   b. Zwei Wochen

   c. Ein Jahr

   d. Fünf Jahre

3. **Wo sah Verena Stefan mit der anderen Frau?**

   a. Im Kino in Hamburg

   b. In einem Café in Texas

   c. In einem Restaurant in München

   d. In einem Café in Hamburg

4. **Wie heißt das Lieblingsrestaurant von Steffi und Verena?**

   a. Velvet Margarita

   b. All Night Taco

   c. Velvet Taco

   d. Margarita Mama

5. **Wo sitzt Jeff, als Verena ihn zum ersten Mal sieht?**

   a. Theke

   b. Tisch

   c. Auto

   d. Billardtisch

Answers

1. B - Schäfer
2. A – Two years
3. D – In a café in Hamburg
4. C - Velvet Taco
5. A – At the bar

CHAPTER 8

STROMSCHNELLEN

Heute gehen wir in den Wasserpark. Er hat vor einer Woche erst **eröffnet**, aber Papa ist der **Bürgermeister** von Freiburg, und der Park ist hier **um die Ecke**, also haben wir für die ganze Familie eine Freikarte bekommen.

Der Park ist eine **sommerliche** Erweiterung für den Europa-Park. Dort ist es auch klasse, aber wir Kinder kennen den Park schon **in- und auswendig**. Er ist in Themenzonen nach europäischen Ländern **unterteilt** und wir sind mit jeder Achterbahn, jedem Karussell und jeder Wildwasserbahn sicherlich schon **hundertmal** gefahren.

Also freuen wir uns umso mehr, heute den neuen Wasserpark zu sehen!

Wir haben gehört, es soll dort neben zehn verschiedenen Themenrutschen auch einen Trichterbrunnen geben, eine extrem **steile** Rutsche, verschiedene Sprungtürme und sogar einen **Fluss**, auf dem man sich in einem Reifen durch den ganzen Park treiben lassen kann!

Papa und Mama holen uns alle drei von der Schule ab, unsere Badetaschen haben wir gestern schon **gepackt**.

Sofort rasen wir aus dem **Klassenzimmer**, als es klingelt und die letzte Stunde zu Ende ist. „Viel Spaß!", rufen unsere Freunde uns nach, aber wir hören es kaum noch.

In den letzten Tagen war es so heiß, dass wir jeden Tag dachten, es müsste eigentlich Hitzefrei geben. Aber anscheinend hatte die Temperatur die Marke dafür nicht ganz erreicht.

Heute ist uns das jedoch egal, denn die Schule ist aus und wir gehen in den Wasserpark!

Unsere Eltern warten schon im Auto vor der Schule. Aufgeregt **springen** wir hinein.

„Na, Kinder?", sagt meine Mutter **lachend**. „Seid ihr aufgeregt?"

„Ja!", rufen wir wie aus einem Mund, dann **plappern** wir alle wie wild durcheinander und versuchen, unseren Eltern zu sagen, welche **Rutschen** wir als Erstes ausprobieren wollen, welche als Zweites, als Drittes, und auf welchen wir mindestens zwei- oder dreimal rutschen werden.

Das geht fast die ganze Autofahrt so weiter. Mein **Zwillingsbruder** Lukas stachelt mich an: „Ich wette, du **traust dich** nicht, auf die extrem steile Rutsche zu gehen!"

„Hast du eine Ahnung", gebe ich **schnaubend** zurück, „ich gehe da bestimmt öfter drauf als du!"

„Vielleicht werde ich auch **der Allererste** sein", mischt sich unser kleiner Bruder Matze ein.

Lukas und ich **verdrehen** gleichzeitig die Augen. „Du traust dich ja noch nicht einmal, mit Mama und Papa auf dem Fluss entlangzutreiben", sagt Lukas langsam.

Matze zieht einen **Schmollmund**. „Mama, Papa, Lukas ist schon wieder **gemein** zu mir!", beschwert er sich laut.

„Lukas, Tom, hört auf, euren Bruder zu **ärgern**!", schimpft meine Mutter mit bösem Gesicht.

„Ich habe doch gar nichts gemacht", sage ich.

„Ruhe jetzt!", platzt mein Vater laut dazwischen. „Ich gehe als Erstes auf die extrem steile Rutsche, denn ich bin der **Älteste** von allen."

Wir Jungs blicken **ehrfürchtig** zu meinem Vater nach vorne. Mit großen Augen bekunden wir murmelnd unsere **Unterstützung**.

Wir parken das Auto, zeigen unsere Tickets vor und betreten den Park. Mama und Papa suchen einen gemütlichen Platz für uns alle auf der Liegewiese, dann geht es los zur extra steilen Rutsche.

Die Konstruktionen, an denen wir auf dem Weg dorthin **vorbeikommen**, sind alle sehr beeindruckend. Gigantische **Pfeiler** aus Stahl tragen Plastikgestelle in verschiedenen Farben, Formen und Längen, die allesamt dafür gebaut sind, Menschen in hoher **Geschwindigkeit** zu transportieren, um ihnen **Vergnügen** zu bereiten.

Es ist voll im Park. Kein Wunder: Bei fast dreißig **Grad** im Schatten hofft jeder auf eine kleine Abkühlung – vor allem in einem neu eröffneten, aufregenden Park!

Schließlich erreichen wir die extra steile Rutsche. Eine lange Schlange von Menschen steht vor ihr an, wir müssen vermutlich **mindestens** eine halbe Stunde warten. „Ist mir egal", sage ich, und Lukas, Matze und Papa stimmen mir zu. „Also los!", sagt Papa und geht uns voraus.

Nach ungefähr zweihundert **Treppenstufen** und einer halben Stunde erreichen wir schließlich die obere Plattform. Vor uns sind noch vier andere Jungen und Mädchen an der Reihe. Jedes Mal, wenn jemand gerutscht ist, ertönt zur Belohnung eine **ohrenbetäubende** Melodie aus Lautsprechern, die am Start und am Ziel angebracht sind.

Die Rutsche ist wirklich sehr steil. Ich bin stolz auf Papa, dass er keine Angst hat; zumindest lässt er sich keine Angst anmerken.

Als Papa an der Reihe ist, dreht er sich zu uns um und sagt: „Los geht's, Jungs, einfach **laufen lassen**!"

Dann ist er weg. Wie vom Erdboden verschluckt.

Eine Sekunde später sehen wir ihn weit unter uns im Becken landen. Mit einem lauten **Zischen** und Brausen taucht er spritzend ein. Dann steht er auf. Das Becken ist recht flach, das Wasser reicht ihm bis zu den **Knien**.

Irgendwo unterwegs hat er seine **Badehose** verloren. Alles grölt vor Lachen, aber er hört es nicht, denn die Musik ist zu laut. Wir brechen fast zusammen und versuchen, ihm **zuzurufen**, während wir uns die Bäuche halten. Er hört uns nicht.

Zum Glück kommt eine Sekunde später Mama angerannt, die ihn von Weitem beobachtet hat, fischt seine Hose aus dem Wasser und reicht sie ihm.

Mit hochrotem Kopf verlässt Papa das **Becken**; dann muss er selbst lachen.

Die Rutsche macht unheimlich viel Spaß. Als wir nacheinander sicher unten angekommen sind und Papa **belohnende** Handschläge verteilt, können wir es uns nicht **verkneifen**: „Wir sind deinem **Rat** gefolgt, Papa: Einfach laufen lassen!"

Zusammenfassung der Geschichte

Eine fünfköpfige Familie fährt im Sommer in den neuen Wasserpark. Dort gibt es viele Attraktionen, von gefährlichen Wasser-Achterbahnen bis hin zu verschiedenen Sorten von Rutschen, unter anderem auch einer extrem steilen Rutsche, auf der man Höchstgeschwindigkeiten erreichen soll. Die drei Söhne streiten sich einen Moment lang darum, wer als Erster die extrem steile Rutsche hinunter darf; schließlich fällt die Wahl auf den Vater. Als dieser allerdings die Rutsche meistert, geschieht ein peinliches und amüsantes Missgeschick.

Summary of the story

A family of five is off to spend a day at the water park in the summer. There are lots of different attractions there, from dangerous water rides to various types of slides, including an extremely steep slide where you are supposed to reach maximum velocity. The three sons argue among each other about who will get to ride the extremely steep slide first; eventually, they decide it will be the father. But as he braves the slide, an embarrassing and comical mishap takes place.

Vocabulary

- **eröffnen:** to open
- **(der) Bürgermeister:** mayor
- **um die Ecke:** around the corner
- **sommerlich:** summery
- **in- und auswendig (kennen):** (to know) inside out
- **unterteilt:** divided
- **hundertmal:** a hundred times
- **steil:** steep
- **(der) Fluss:** river
- **packen:** to pack
- **(das) Klassenzimmer:** classroom
- **springen:** to jump
- **lachen:** to laugh
- **plappern:** to babble
- **(die) Rutsche:** slide
- **Zwillingsbruder:** twin brother
- **sich trauen:** to dare
- **schnauben:** to scoff
- **der Allererste:** the very first (person)
- **(die Augen) verdrehen:** to roll (one's eyes)
- **(der) Schmollmund:** the pout
- **gemein:** mean
- **ärgern:** to tease
- **der Älteste:** the oldest
- **ehrfürchtig:** awestruck
- **(die) Unterstützung:** the support
- **vorbeikommen:** to pass
- **(der) Pfeiler:** post
- **(die) Geschwindigkeit:** velocity/speed
- **(das) Vergnügen:** pleasure
- **(das) Grad:** degrees (temperature, °C)
- **mindestens:** at least
- **(die) Treppenstufen:** stairs
- **ohrenbetäubende:** ear-shattering
- **laufen lassen:** to let go
- **zischen:** to swish
- **(das) Knie:** knee
- **(die) Badehose:** swim trunks
- **zurufen:** to call out to
- **(das) Becken:** pool
- **belohnend:** rewarding
- **verkneifen:** to hold back
- **(der) Rat:** the advice

Questions about the story

1. **Wo ist der Papa der Familie Bürgermeister?**

   a. Stockholm
   b. Hamburg
   c. Frankfurt
   d. Freiburg

2. **Wie viele Söhne hat die Familie?**

   a. Drei
   b. Zwei
   c. Vier
   d. Einen

3. **Wie viele Themenrutschen gibt es im neuen Wasserpark?**

   a. Fünf
   b. Dreißig
   c. Zehn
   d. Eine

4. **Wie lange muss die Familie an der extra steilen Rutsche in der Schlange warten?**

   a. Eine halbe Stunde
   b. Zehn Minuten
   c. Fünfzehn Minuten
   d. Eine Stunde

5. **Wer bringt dem Vater seine Badehose zurück?**

   a. Tom
   b. Lukas
   c. Die Mutter
   d. Matze

Answers

1. D - Freiburg
2. A - Three
3. C - Ten
4. A – Half an hour
5. C – The mother

CHAPTER 9

DIE WEICHEN DES SCHICKSALS

„Mir ist schon wieder **schwindelig**", sagte Jerome düster. „Woher kommt das nur? Ich kann mich auf nichts mehr **konzentrieren**, wenn ich meine Bilder **bearbeite**. Das kann ich mir nicht erlauben. Ich werde einen Arzttermin machen."

„Ja, wir müssen **unbedingt** herausfinden, was mit dir nicht stimmt. Ich mache mir große **Sorgen**", antwortete seine Frau Isabell.

Gleich am nächsten **Nachmittag** bekam Jerome einen Termin beim Arzt. „Ich kann keine Auffälligkeiten entdecken", sagte der. „Allerdings muss ich ihnen eines sagen: Wenn ich einen Sohn hätte, der mit diesen **Beschwerden** zu mir kommt – Druck auf der Brust, Schwindelgefühl – würde ich wollen, dass er in die Herzklinik geht."

„Herzklinik?", fragte Jerome. „Warum denn das?"

„**Sicher ist sicher**", erwiderte der Arzt. „Die Ärzte in der Klinik haben viel breitere Testmöglichkeiten als ich. Lassen Sie sich genau unter die Lupe nehmen. Es ist besser."

„In Ordnung", willigte Jerome ein. „Ich muss meiner Familie Bescheid geben."

Er rief Isabell an und informierte sie darüber, dass er sich gerade auf dem Weg zur Herzklinik befand. Es würde nur wenige Stunden dauern, hatte man ihm gesagt, und er würde **wahrscheinlich** nicht **über Nacht** bleiben müssen. Das waren immerhin **gute Neuigkeiten**.

In letzter Zeit war Jerome immer öfter schwindelig geworden, wenn er sich seiner Arbeit am Computer gewidmet hatte. Er war **freischaffender** Fotograf und dabei sehr ehrgeizig – was natürlich auch dementsprechenden Stress mit sich brachte. **Kombiniert** mit dem Druck, den er manchmal in seiner linken Brust verspürte, hatte der Schwindel bald begonnen, ihm Angst zu machen.

Diese Symptome – und das hatte sein Hausarzt ihm **bestätigt** – konnten viele verschiedene **Ursachen** haben, die bei tatsächlichen Herzproblemen anfingen und sich dann über die **Augen** (brauchte er eine **Brille**?) bis hin zu möglicher Psychosomatik erstreckten.

Wenn es ihm nicht bald besser ging, würde er die Tour, die er geplant hatte, um sein Buch zu präsentieren, womöglich **absagen** müssen. Er schüttelte den Kopf. Das durfte nicht sein. Er hatte doch all das Geld, das er sich in den letzten Jahren **mühsam zusammengespart** hatte, für dieses Buch ausgegeben, um bei einem der **bekanntesten** Fotoverlage der Welt einen Fuß in die Tür zu bekommen.

Sein ganzes Leben hatte er seiner Kunst **gewidmet** und er hoffte so sehr, dass er eines Tages **erfolgreich** sein würde. Auch seine wundervolle Familie glaubte an ihn. Er konnte also wunschlos glücklich sein – jetzt brauchte er nur noch Erfolg. Also durfte er nicht **krank** werden.

In der Herzklinik angekommen, wurde ihm sofort ein Bett **zugeteilt**. Das war kein besonders motivierender Start.

Anschließend erklärte ihm die **Schwester**, dass sie ihm nun Blut abnehmen würde, **anschließend** bekäme er ein Langzeit-EKG.

Er hatte einen Zimmergenossen, dem es weniger gut zu gehen schien als ihm. Verstohlen blickte er zu dem Mann hinüber. Er schien zu schlafen.

„Na, Junge? Warum haben sie dich in diesen **Kerker** gesperrt?", ertönte auf einmal eine Stimme, als Jerome schon wieder weggesehen hatte.

Jerome zuckte zusammen. Hatte der Mann gerade wirklich etwas gesagt oder **halluzinierte** er bereits?

Ein Blick zu dem Bett nebenan verriet ihm, dass er nicht halluzinierte. „Ich, ähm, ich bin nur zur **Untersuchung** hier. Ich kann wahrscheinlich heute Abend wieder nach Hause", antwortete Jerome.

„Das sagen sie einem hier **immer**, Junge", erwiderte der ältere Mann mit **abfälligem** Tonfall. „Haben sie mir auch gesagt, und ich bin nun schon seit drei Wochen hier. Naja. **Viel Glück**", spuckte er.

Der Mann war aschfahl und hatte dünne, farblose Lippen. Jerome hatte Mitleid mit ihm.

„Hoffentlich können Sie auch bald wieder nach Hause", warf er ein.

„Danke, Junge", antwortete der Alte. „Weißt du, am Wochenende kommt meine Tochter zu Besuch. Sie ist extra aus New York hierher geflogen. Das ist doch etwas. Ich freue mich schon sehr."

Ihr Gespräch wurde von der Schwester **unterbrochen**, die eintrat, um Jerome das Blut abzunehmen. „Setzen Sie sich auf, wir machen das ganz langsam, da Ihnen ohnehin schon schwindelig ist", sagte sie beruhigend. Jerome hatte keine Angst vor **Nadeln**. „In Ordnung", gab er zurück, „nur zu."

Als er gefühlte drei Liter Blut ärmer war, schloss die Schwester die Kabel für das EKG an. „Nun müssen wir zwei Stunden **warten**, dann kommt das EKG weg und wir nehmen noch einmal Blut ab", verkündete sie.

„Ich sagte doch, die lassen einen hier nicht mehr weg", **murrte** der Alte, nachdem die Schwester die Tür hinter sich **geschlossen** hatte.

„Aber du hast recht, Junge. Auch ich komme bald wieder nach Hause. Unkraut vergeht nicht, und meine Diagnose ist Gott sei Dank **nicht ernst.**"

„Das freut mich", antwortete Jerome mit einem **aufmunternden** Lächeln. „Also, Ihre Tochter ist extra aus New York gekommen, um Sie zu besuchen? Das ist ja wundervoll!"

„Ja, es ist toll. Sie ist mein Engel. Arbeitet dort für irgendeinen **Künstler**, McLean ... McLane ...", er verstummte, während er den Namen suchte.

„McLeary?", fragte Jerome. „Der Galerist?"

„McLeary, genau. So hieß er. Sie ist seine **rechte Hand**. Er tut nichts, ohne vorher mit ihr gesprochen zu haben. Aber nichts Sexuelles oder so. So ist meine Kleine, nicht. **Hochprofessionell.**"

„Wow. Das ist unglaublich! Mike McLeary ist der berühmteste und erfolgreichste Galerist in ganz New York City, vielleicht sogar in den ganzen USA. Ich bin selbst **Fotograf**, wissen Sie."

„Ach, tatsächlich? Haben Sie schon Projekte veröffentlicht?"

Und so erzählte Jerome seinem neuen **Bekannten** von seinen Projekten. Von dem indianischen Country-Musiker, mit dem er mehrere Wochen in Nashville verbracht hatte, von den **Flüchtlingen**, die er auf ihrem **steinigen** Weg aus ihrer vom Krieg **zerstörten** Heimat nach Europa **begleitet** hatte. Und von vielen mehr.

„Hier ist meine Karte", sagte der Alte, der ihm **gebannt** zugehört hatte. „**Schicken** Sie mir Ihre Informationen, schicken Sie mir eine Ausgabe Ihres Buches, das gerade herausgekommen ist. Ich bin sicher, meine Tochter hätte das größte Interesse daran."

„Wirklich? Das ist **fantastisch** und das werde ich sehr gerne tun, vielen Dank!", sagte Jerome **begeistert**. Und auf einmal schien es wieder, als hätte das **Schicksal** eine Weiche gestellt.

Zusammenfassung der Geschichte

Jerome ist professioneller Fotograf auf der Jagd nach dem großen Erfolg. Aber er hat seit Kurzem ein Leiden: Ihm ist oft schwindelig und deswegen macht er sich Sorgen. Ein Besuch beim Arzt steht an. Dieser untersucht ihn und findet keine Auffälligkeiten, schickt ihn aber, um sicherzugehen, dass er nicht krank ist, weiter in die Herzklinik, wo weitere Tests mit ihm gemacht werden sollen. Dort macht er Bekanntschaft mit seinem Zimmergenossen, was sich als schicksalhafte Begegnung erweist.

Summary of the story

Jerome is a professional photographer looking to make his breakthrough. But he has had an affliction lately: he constantly feels dizzy, which worries him quite a bit. A visit to the doctor's office is in order. The doctor examines him and finds nothing unusual yet refers him to the heart clinic for further tests, just to be sure. There, he gets to know his roommate, which turns out to be a fateful encounter.

Vocabulary

- **schwindelig:** dizzy
- **konzentrieren:** to focus
- **bearbeiten:** to edit
- **unbedingt:** definitely
- **(die) Sorgen:** worries
- **(der) Nachmittag:** afternoon
- **(die) Beschwerden:** ailments
- **sicher ist sicher:** better to be safe
- **wahrscheinlich:** probably
- **über Nacht:** overnight
- **gute Neuigkeiten:** good news
- **In letzter Zeit:** lately
- **freischaffend:** freelance
- **kombiniert:** combined
- **bestätigt:** confirmed
- **(die) Ursache:** cause
- **(die) Augen:** eyes
- **(die) Brille:** glasses
- **absagen:** to cancel
- **mühsam zusammengespartes Geld:** hard-saved money
- **bekannt:** well-known
- **gewidmet:** dedicated
- **erfolgreich:** successful
- **krank:** sick
- **zugeteilt:** assigned
- **(die) (Kranken-)Schwester:** nurse
- **anschließend:** subsequently
- **(der) Kerker:** dungeon
- **halluzinieren:** to hallucinate
- **(die) Untersuchung:** examination
- **immer:** always
- **abfällig:** derogatory
- **viel Glück:** good luck
- **unterbrochen:** interrupted
- **(die) Nadel:** needle
- **warten:** to wait
- **murren:** to grumble
- **geschlossen:** closed
- **nicht ernst:** not serious
- **aufmunternd:** encouraging
- **(der) Künstler:** artist
- **rechte Hand (fig.):** right hand (fig.)
- **hochprofessionell:** highly professional

- **(der) Fotograf:** photographer
- **(der) Bekannte:** acquaintance
- **(der) Flüchtling:** refugee
- **steinig:** rocky
- **zerstört:** destroyed

- **begleiten:** to accompany
- **gebannt:** captivated
- **schicken:** to send
- **fantastisch:** fantastic
- **begeistert:** enthusiastic
- **(das) Schicksal:** fate

Questions about the story

1. **Warum geht Jerome zum Arzt?**

    a. Ihm ist schlecht

    b. Ihm ist schwindelig

    c. Er kann nicht schlafen

    d. Er hat Fieber

2. **Warum verweist der Hausarzt ihn zur Herzklinik?**

    a. Um sicher zu sein

    b. Weil er Auffälligkeiten entdeckt

    c. Weil er ihn nicht untersuchen kann

    d. Um ihn behandeln zu lassen

3. **Wie lange ist Jeromes Zimmergenosse schon in der Klinik?**

    a. Zwei Wochen

    b. Eine Woche

    c. Einen Monat

    d. Drei Wochen

4. **Wie heißt der berühmte Galerist aus New York?**

    a. McLane

    b. McLean

    c. McDonald

    d. McLeary

5. **Was überreicht Jeromes Zimmergenosse ihm?**

    a. Seine Karte

    b. Einen Kugelschreiber

    c. Einen Notizblock

    d. Eine Zeitschrift

Answers

1. B – He's dizzy
2. A – To be sure
3. D – Three weeks
4. D - McLeary
5. A – His card

CHAPTER 10

EIN ZUSAMMENTREFFEN

Es war schon 21:00 Uhr, aber Manuela wollte **trotzdem** unbedingt los.

„**Komm schon**, Alice, wir müssen da unbedingt hin! Du hast ja noch nicht einmal die Musik von der Band gehört, sie ist der absolute Hammer!", drängte sie.

„**Also gut**", gab Alice nach, „ich höre mir ein **Lied** an. Wenn es mir gefällt, komme ich mit. In Ordnung?"

„Ja, okay", antwortete Manuela. „Dann zeige ich dir mein **Lieblingsvideo** von ihnen. Du wirst schon sehen, es ist so **toll**!"

Alice nahm das Handy, das ihre Freundin ihr entgegenstreckte, und hörte **aufmerksam** zu. **Allerdings** wich ihr Gehör schon nach wenigen Minuten ihren Augen, denn was sie sah, war so viel schöner als das, was sie hörte.

„In Ordnung. Ich muss mich nur noch schnell **schminken**", sagte sie, als das Video zu Ende war.

„Sind sie nicht fantastisch?", fragte Manuela aufgeregt. „Ich klingle noch drüben bei Sabrina, vielleicht will sie ja auch mit."

„Das Lied war mir eigentlich ziemlich egal", rief Alice aus dem Bad, „aber ich würde auch mehr als eine Stunde fahren, um diesen Typen live auf der **Bühne** zu sehen."

Oje, dachte Manuela bei sich. Alice, das männermordende Monster würde wieder zuschlagen.

Alice band ihr **glänzendes,** blondes Haar mit einer silbernen **Spange** nach oben, zog sich eine enge, schwarze **Lederhose** an und dazu ein weißes Top, das ihre **Oberweite** und ihre gebräunte Haut betonte. Die Lippen wurden rot und die Augen rauchschwarz geschminkt – dann konnte es losgehen.

Der Club war schon gut **gefüllt,** als sie beim **Türsteher** ihren Eintritt bezahlten und sich einen Weg zur Theke bahnten. „**Bestellst** du mir was mit?", bat Manuela. „Ich muss noch auf die **Toilette.**"

Alice, Manuela und Sabrina hatten einige weitere Freunde in der Stadt, denen sie Bescheid gesagt hatten, dass sie zum **Konzert** gehen würden. Zwei von ihnen waren gekommen und begrüßten Alice an der Theke. „Du siehst **heiß** aus wie immer", merkte einer von ihnen an.

Danke, dachte Alice. Sie antwortete nicht, sondern lächelte nur.

„Zwei Bier und **ein Glas Wein**, bitte", bestellte sie und drehte sich um, während sie auf die anderen wartete. Im Raum sah sie ein bunt **gemischtes** Publikum in allen möglichen **Altersklassen.** Sie fragte sich, wo dieser Club seinen Backstage-Bereich hatte, in dem dieses unglaubliche Wesen, das sie vorhin in dem Video gesehen hatte, sich jetzt **vermutlich** aufhielt.

Ganz in Leder. **Halblange,** schwarze Haare, Koteletten. Dunkle Augen, muskulöser **Körperbau.** Tanzbewegungen wie Elvis. Sie war sofort dahingeschmolzen.

Alice wusste, dass viele in ihr nichts als einen Männerschwarm sahen, der es nie ernst mit jemandem meinte. Aber sie wusste auch, dass sie sich in diesen Mann **sofort** verlieben würde, wenn sie ihm **persönlich** begegnete.

Das Konzert war gut. Ihre Freunde tanzten und **amüsierten** sich in der Menge. Und nur sie allein stand **wie angewurzelt** an der Bar, konnte sich kein Stückchen vom Fleck bewegen und **starrte** den Mann an, der sich über die Bühne bewegte und sang.

Der Schlagzeuger hinter ihm, der Bassist und der **Gitarrist**, die neben ihm standen, die bunten **Scheinwerfer** – all das interessierte sie nicht. Sie konnte ihren Blick nicht von ihm **abwenden**.

Selbst, wenn er nicht gerade tanzte, so sah doch jede seiner **Bewegungen** aus, als tanze er; und das galt auch für die Pausen zwischen den Liedern, wenn er nach seinem Wasser griff oder nach seinem Bier.

Seine Stimme war **tief** und **voluminös**, und er war geschminkt – wie es sich wohl für einen anständigen Rockstar auch gehörte, dachte sie bei sich – aber sie wusste, dass er **wunderschön** war. Und zwar nicht nur, weil sie ihn in dem Video gesehen hatte, sondern auch, weil sie durch all die Menschen in der Menge und durch all die anderen Sinneseindrücke, die den Raum **durchfluteten**, seine **Seele** spüren konnte.

Einmal live gesehen, wenigstens, dachte sie bei sich, und das ist wahrscheinlich auch besser so. Ich brauche keine **anstrengende**, traurige **Liebesgeschichte** in meinem Leben.

Nach dem Konzert beschlossen ihre Freunde, noch ein wenig **beieinander** zu sitzen und etwas zusammen zu trinken.

Als Alice gerade mitten im **Gespräch** war, sprach jemand sie auf Englisch an: „**Entschuldigung**, darf ich mich setzen?"

Verdattert blickte sie auf und sah einen **drahtigen**, bis an die Zähne tätowierten Kerl, der sie freundlich anlächelte und auf den freien **Stuhl** neben ihr zeigte. „Ähm, ja, natürlich", antwortete sie hastig. Was wollte dieser Typ von ihr?

„Woher kommst du?", wollte er wissen. „Aus Trier. Und du?", fragte sie? „Los Angeles, Kalifornien", gab er zurück.

Manuela mischte sich ein. „Du bist der Gitarrist, oder? Von der Band, die gerade gespielt hat."

„Ja, genau", erwiderte er. „Hat euch die Show **gefallen**?"

Manuela antwortete irgendetwas, aber Alice konnte es nicht verstehen. Sie war zu sehr damit beschäftigt, die Alarmglocken in ihrem Kopf **abzuschalten**, die ihr sagten, dass nun auch der **Sänger** der Band nicht mehr weit sein konnte.

Sie begann zu **schwitzen**, rot zu werden. Sie spürte es. Das war sonst **überhaupt nicht** ihre Art.

„Hi", **ertönte** es schon hinter ihr. Die tiefe, voluminöse Stimme eines **Tänzers**. Eines Sängers. Und sie wusste, er war es. Sie wusste, es war um sie geschehen. Sie wusste, dass sie in ein Vakuum gesaugt würde, in dem es nur noch ihn und sie gab, sobald sie ihn **ansah**. Ihr **Brustkorb** begann zu **brennen**. Einen kurzen Moment lang schloss sie die Augen und atmete tief ein. Dann drehte sie sich um.

Zusammenfassung der Geschichte

Die beiden Freundinnen Manuela und Alice gehen zusammen auf ein Konzert. Manuela hat Alice dazu überredet, denn sie mag die Band, die auftritt, sehr. Aber Alice geht nicht ohne Grund mit ihr: Sie findet den Sänger umwerfend und möchte ihn auch nur ein einziges Mal in ihrem Leben live auf der Bühne sehen. Im Club treffen die beiden ein paar weitere Freunde, mit denen sie nach dem Konzert noch etwas trinken. Das Schicksal nimmt seinen Lauf, als Alice zufällig den Gitarristen der Band kennenlernt und schließlich der Sänger selbst vor ihr steht.

Summary of the story

The two friends Manuela and Alice are going to a concert together. Manuela talked Alice into going with her because she really likes the band. But Alice, too, has her reasons for joining: she has a crush on the singer and wants to see him live on stage just once in her life. At the club, they run into some more friends with whom they have drinks after the concert. Fate takes its course when Alice meets the band's guitar player by accident and eventually ends up face to face with the singer.

Vocabulary

- **trotzdem:** in spite of
- **komm schon:** come on
- **Also gut:** Fine
- **(das) Lied:** song
- **(das) Lieblingsvideo:** favorite video
- **toll:** great
- **aufmerksam:** attentively
- **allerdings:** however
- **schminken:** to put makeup on
- **(die) Bühne:** a stage
- **morden:** to murder/kill
- **glänzend:** shiny
- **(die) Spange:** hair clip
- **(die) Lederhose:** leather pants
- **(die) Oberweite:** bust
- **gebräunt:** tanned
- **gefüllt:** packed
- **(der) Türsteher:** bouncer
- **bestellen:** to order
- **(die) Toilette:** restroom
- **(das) Konzert:** concert
- **heiß:** hot
- **ein Glas Wein:** a glass of wine
- **gemischt:** mixed
- **(die) Altersklassen:** age groups
- **vermutlich:** presumably
- **halblang (Haar):** chin-length (hair)
- **(der) Körperbau:** physique
- **sofort:** immediately
- **persönlich:** in person
- **amüsieren:** to have fun
- **wie angewurzelt:** glued to the spot
- **starren:** to stare
- **(der) Gitarrist:** guitar player
- **(die) Scheinwerfer:** spotlights
- **abwenden:** to turn away
- **(die) Bewegung:** movement
- **tief:** deep
- **voluminös:** voluminous
- **wunderschön:** gorgeous
- **durchfluten:** to wash through
- **(die) Seele:** soul
- **anstrengend:** exhausting
- **(die) Liebesgeschichte:** love story

- **beieinander:** together
- **(das) Gespräch:** conversation
- **Entschuldigung:** Excuse me
- **drahtig:** wiry
- **(der) Stuhl:** chair
- **gefallen:** to like
- **irgendetwas:** something
- **verstehen:** to understand
- **(die) Alarmglocken:** alarm bell
- **abschalten:** to turn off
- **(der) Sänger:** singer
- **schwitzen:** to sweat
- **überhaupt nicht:** not at all
- **ertönen:** to sound
- **(der) Tänzer:** dancer
- **ansehen:** to look at
- **(der) Brustkorb:** chest
- **brennen:** to burn

Questions about the story

1. **Was überzeugt Alice davon, mit zum Konzert zu gehen?**

   a. Ein Video

   b. Ein Poster

   c. Eine CD

   d. Ein Bild

2. **Was bestellt Alice im Club für ihre Freundinnen?**

   a. Zwei Bier

   b. Ein Glas Wein

   c. Zwei Bier und ein Glas Wein

   d. Zwei Gläser Wein und ein Bier

3. **Welche Haarfarbe hat der Sänger der Band?**

   a. Blond

   b. Dunkel

   c. Grau

   d. Rot

4. **Aus welchem Material ist Alices Hose?**

   a. Jeansstoff

   b. Satin

   c. Cord

   d. Leder

5. **Was sehen viele Menschen in Alice?**

   a. Einen Männerschwarm

   b. Einen Tollpatsch

   c. Das nette Mädchen von nebenan

   d. Ein Mauerblümchen

Answers

1. A - A video
2. C – Two beers and a glass of wine
3. B - Dark
4. D - Leather
5. A – A maneater

CHAPTER 11

DIE GUTEN SAMARITER

Es ist schon kurz nach **Mittag**. Wir haben gerade unsere Schwimmrunde beendet und fahren mit dem **Fahrrad** nach Hause. Heute gibt es **Spargel**, und ich freue mich schon darauf. Meine Frau Renate kocht sehr guten Spargel, immer mit frischen **Pfannkuchen** und Sauce Hollandaise.

Obwohl Renate kein E-Bike mit Motor hat wie ich, ist sie immer schneller. So auch heute. Sie ist fit und **gesund**, selbst mit ihren fast 70 Jahren, während meine Knie einfach manchmal nicht mehr mitmachen.

Gerade **düst** sie vor mir über die Straße, noch dazu an einer Stelle, wo es eigentlich keinen Übergang für **Fußgänger** und Radfahrer gibt.

Eilig trete ich in die Pedale, um sie nicht zu **verlieren**. Ganz werde ich sie nicht mehr **einholen** können, denn sie ist mir schon ein ganzes Stück voraus und wir sind noch ein paar Kilometer von unserer Wohnung entfernt.

Bevor ich über die Straße fahre, sehe ich zuerst nach links, dann nach rechts. Links ist frei, auf der gegenüberliegenden Seite kommt von rechts ein **Fahrzeug** der Stadt. Straßenkehrer.

Schnell gebe ich Gas, mein Rad schießt in zügigem **Tempo** über den Asphalt.

Ich erreiche die andere Straßenseite vor dem großen Fahrzeug der

Stadt. Aber eines geschieht, womit ich nicht gerechnet hatte: Die beiden **Touristen**, die mit schwer aussehenden **Koffern** die gegenüberliegende Kreuzung überqueren, sind abrupt **stehengeblieben**.

Ich sehe den Koffer vor mir zu spät, wissend, dass ich nicht mehr rechtzeitig **bremsen** kann. Also weiche ich aus. Schlage mit **wackeligen** Rädern unbeholfen einen Haken.

Das, was als Nächstes geschieht, sehe ich wie in **Zeitlupe**. Mein Vorderrad knickt ein, das Gestell neigt sich in steilem Winkel zur Seite. Ich versuche **verzweifelt**, mich mit beiden Händen am Lenker festzuklammern, aber es nutzt nichts – ich stürze mitsamt meinem Fahrrad zu Boden.

Kieselsteine bohren sich in meine Unterarme, meine Fingerspitzen schleifen über den rauen **Asphalt**, bis ich schließlich liegenbleibe.

Einen Augenblick lang denke ich an die **Medikamente**, die ich wegen meines **Blutdrucks** nehmen muss. Sie verdünnen mein Blut so sehr, dass meine Ärztin sagt, ich soll aufpassen, mich nicht zu **verletzen**. Denn bei so dünnem Blut ist es schwierig, eine Blutung wieder zu stoppen, die einmal im Gang ist.

Ich versuche, mich auf den Rücken zu drehen. Es ist schwierig. **Schmerz** pocht in meinen Händen, in meinen Armen und Knien.

„Halt!", höre ich jemanden rufen. „Nicht **bewegen**! Wir machen das!"

Verwirrt blicke ich auf, sehe mich nach Renate um. Sie scheint nichts von meinem **Unfall** mitbekommen zu haben, denn ich kann sie nirgends entdecken.

Der Mann, der gerade mit mir gesprochen hat, ist ein **Straßenkehrer**. Er hat sein Fahrzeug neben mir geparkt und ist mit seinem Kollegen ausgestiegen.

Die beiden Touristen gehen unbeirrt weiter, ohne sich um mich zu kümmern.

„Nimm ihn unter dem Arm, Rainer", sagt einer der beiden Männer von der Stadt. „Ich packe ihn hier beim anderen ..." Ein **Ruck** unter meinen Achseln, dann werde ich nach oben gezogen.

Zum ersten Mal erhasche ich einen Blick auf meinen **Körper**. Meine Arme und Finger sind aufgeschürft und **blutverschmiert**, die Knie gebeugt, ich kann sie kaum strecken.

„Nicht bewegen", sagt der Mann neben meinem Ohr. „Wir bringen Sie ins **Krankenhaus**. Ihr Fahrrad haben wir gerade schon eingeladen."

Ich bin wie benommen. „Aber Sie können doch nicht ... Sie müssen doch arbeiten ...", bringe ich hervor.

„Sie sind verletzt, das geht vor!", wirft der zweite Mann ein, der Rainer heißt. Dann umwickeln sie meine Hände und Arme mit **Taschentüchern**, hieven mich in das große Fahrzeug und setzen mich zwischen sich.

Das Krankenhaus ist nicht weit entfernt. Auf dem kurzen Weg dorthin erkundigen sich meine beiden **Retter** mehrfach nach meinem Wohlbefinden. „Ist Ihnen schwindelig? Übel? Sollen wir anhalten? Brauchen Sie **frische Luft**?"

Als wir uns dem Krankenhaus nähern, treten die Männer auf das **Gaspedal** und rasen in atemberaubendem Tempo in Richtung **Notaufnahme**.

Direkt vor dem beleuchteten roten Kreuz kommt das Fahrzeug ruckartig und mit quietschenden Reifen zum Stehen.

„Hierher!", rufen die beiden, so laut sie können. „Wir haben einen Verletzten!"

Vier starke Arme heben mich vom mittleren Sitz des Wagens, stützen mich sicher auf beiden Seiten und gehen mit mir auf den **Eingang** zu. „Hierher! Hier **blutet** jemand!"

Es dauert nicht lange, bis die Sanitäter bei uns sind.

„Sie müssen sich sofort um ihn **kümmern**, er hatte einen Unfall mit dem Fahrrad! Das Rad haben wir mitgenommen, wir stellen es hier vor den Eingang."

Ich weiß nicht einmal, wie ich den beiden je **danken** kann. „Wie heißen Sie?", erkundige ich mich. „Ich möchte mich gerne bei der Stadt melden und Ihrem Chef sagen, dass Sie wahre **Helden** sind."

„**Spielt keine Rolle**", sagt einer der Männer, dessen Vornamen ich wenigstens kenne. „Wir helfen, wenn es nötig ist. Wenn jeder jeden Tag eine gute Tat vollbringt, wird die Welt zu einem besseren Ort. **Übrigens** − Ihr Fahrrad schließen wir ab und hinterlegen Ihren Schlüsselbund an der Pforte. Der ist Ihnen vorhin aus der Tasche gefallen."

Ich gehe mit dem **Sanitäter**, immer noch verwirrt, aber so gerührt, dass ich die Schmerzen kaum noch spüre.

Ich werde mich auf jeden Fall trotzdem bei der Stadt melden. Heldentum darf nicht ohne Dank bleiben.

Zusammenfassung der Geschichte

Ein älterer Herr ist mit seiner Frau unterwegs. Beide fahren Fahrrad, allerdings ist die Frau bedeutend besser in Form als ihr Mann. Schließlich stürzt er und verletzt sich, seine Frau ist aber so schnell, dass sie nichts davon mitbekommt, und fährt weiter. Die Situation spitzt sich zu, als der ältere Herr sich an die Blutverdünner erinnert, die er nehmen muss; dann eilen ihm glücklicherweise zwei unerwartete Samariter zur Rettung.

Summary of the story

An elderly gentleman is riding his bike together with his wife; however, the lady is in much better shape than he is. At some point he falls and injures himself, but his wife is going so fast that she doesn't notice and keeps going. The situation grows more threatening as the elderly gentleman remembers the blood-thinning medication he's taking. Eventually, two Samaritans unexpectedly come to his rescue.

Vocabulary

- **(der) Mittag:** noon
- **(das) Fahrrad:** bicycle
- **(der) Spargel:** asparagus
- **(der) Pfannkuchen:** pancake
- **gesund:** healthy
- **düsen:** to dash
- **(der) Fußgänger:** pedestrian
- **verlieren:** to lose
- **einholen:** to catch up
- **(das) Fahrzeug:** vehicle
- **(das) Tempo:** velocity/speed
- **(die) Touristen:** tourists
- **(der) Koffer:** the suitcase
- **stehenbleiben:** to stop
- **bremsen:** to brake
- **wackelig:** wobbly
- **(die) Zeitlupe:** slow motion
- **verzweifelt:** desperate
- **(der) Kieselstein:** pebble stone
- **(der) Asphalt:** asphalt
- **(das) Medikament:** medicine
- **(der) Blutdruck:** blood pressure
- **verletzen:** to injure
- **(der) Schmerz:** the pain
- **bewegen:** to move
- **(der) Unfall:** accident
- **(der) Straßenkehrer:** street sweeper
- **(der) Ruck:** jolt
- **(der) Körper:** body
- **blutverschmiert:** blood-smeared
- **(das) Krankenhaus:** hospital
- **(das) Taschentuch:** tissue
- **(der) Retter:** rescuer
- **frische Luft:** fresh air
- **(das) Gaspedal:** gas pedal
- **(die) Notaufnahme:** emergency room
- **(der) Eingang:** entrance
- **bluten:** to bleed
- **(sich) kümmern (um):** to care for
- **danken:** to thank
- **(der) Held:** hero
- **spielt keine Rolle:** it doesn't matter
- **Übrigens:** by the way
- **(der) Sanitäter:** first responder

Questions about the story

1. Wie heißt Werners Frau?

   a. Regine

   b. Renate

   c. Ruth

   d. Roxane

2. Wie viele Touristen kommen Werner mit ihren Koffern in den Weg?

   a. Drei

   b. Fünf

   c. Zwei

   d. Einer

3. Bei wem sind Werners Retter angestellt?

   a. Bei der Stadt

   b. Im Supermarkt

   c. In der Boutique

   d. Bei der Eisdiele

4. Womit ist Werner unterwegs?

   a. Mit einem Roller

   b. Mit einem gewöhnlichen Fahrrad

   c. Mit dem Auto

   d. Mit einem E-Bike

5. Wohin bringen Werners Retter ihn nach dem Unfall?

   a. Ins Krankenhaus

   b. Nach Hause

   c. Zur Bushaltestelle

   d. Zum Taxistand

Answers

1. B - Renate
2. C - Two
3. A – For the city
4. D – With an e-bike
5. A – To the hospital

CHAPTER 12

HANNOS TEDDYBÄR

Hanno nahm seinen Teddybär **überallhin** mit. Es haben ihm schon viele Menschen gesagt, dafür sei er zu **alt**, manche haben ihn sogar **verspottet**. Anderen tut er leid. Das sieht Hanno dann in ihren **Gesichtern**.

Aber sich selbst tut er nicht leid. Er ist **zufrieden** mit seinem Leben. Und mit seinem Teddy.

Alt und **abgenutzt** ist er zwar. Und die ursprüngliche Farbe erkennt man nicht mehr. Früher war er einmal **hellbraun**, mit einem weißen Bauch und einer hellrosa **Nase** aus Plastik.

Inzwischen gibt es die Nase nicht mehr, das **Fell** ist schmutzig und zerzaust, und manchmal kommt es Hanno so vor, als hätte sein Teddy denselben leeren **Ausdruck** in seinen schwarzen Knopfaugen wie er selbst. Obwohl Hannos Augen blau sind.

Hanno kommt herum. Auch, wenn er nicht viel **Geld** hat, schafft er es doch immer irgendwie, von einem Ort zum nächsten zu gelangen.

Dann zeigt er seinem Teddy eine schöne **Landschaft** oder eine **Sehenswürdigkeit** und genießt den Moment mit ihm.

Gestern zum Beispiel stiegen die beiden aus dem **Zug** und waren in Berlin. Da liefen sie einfach der Nase nach, bis ihre Füße sie fast nicht mehr tragen wollten und standen vor dem **Fernsehturm** am Alexanderplatz.

„Siehst du", sagte Hanno zu seinem Teddy, „wir können auch ganz allein die Welt erkunden. Wir haben uns, das genügt. Sonst **brauchen** wir niemanden. Und schon gar niemanden, der uns nicht **versteht**."

Der Teddy schien zu **nicken** und ihn anzulächeln.

Hanno kümmerte sich nicht darum, wie die Menschen ihn ansahen. Manche ekelten sich vor ihm, das wusste er.

Er konnte nie sicher sein, wann er das nächste Mal eine Gelegenheit bekommen würde, zu **duschen**. Es war Sommer, aber selbst in einem See oder im Meer konnte man ohne **Seife** nicht so sauber werden, dass man nicht mehr verurteilt wurde.

„Es kommt eins zum anderen", sagte Hanno zu seinem Teddy. „Dabei wollte ich doch nur **akzeptiert** werden, wie ich bin. Wollte nicht, dass man mir befiehlt, wie ich **leben** soll. Wollte geliebt werden, um meinetwillen."

Der Teddy lächelte immer noch. Vielleicht sah es auch nur so aus.

Obwohl er wusste, dass er keine **Antwort** bekommen würde, fuhr Hanno fort: „Sieh uns an. Wir sind **schmutzig**, arm und wahrscheinlich **stinken** wir auch. Aber wir mögen einander trotzdem. Mehr noch; wir sind sogar **beste Freunde**."

Der Fernsehturm über ihm war so hoch, fast **unendlich** ragte er in den Himmel. Hanno konnte sein Ende nicht sehen. Das Gebäude erinnerte ihn an die Pyramiden Ägyptens, und er fragte sich, wie die unterjochten **Sklaven** mit ihrer Situation zurechtgekommen waren.

Damals hatte sich auch niemand dafür interessiert, wie sie sich fühlten.

War es nicht in der heutigen Zeit noch genauso? War nicht jeder Mensch ein Sklave seiner **Umwelt**, gefesselt unter dem Joch derer, die **mächtiger**, stärker oder reicher waren?

Er verdrängte den Gedanken. Er mochte vielleicht heimatlos und arm sein, aber das bedeutete nicht, dass er **dumm** und willenlos war.

Er war frei. Dieses Leben hatte er sich ausgesucht. Und er bereute nichts.

In der Nähe des Fernsehturms war ein Park. Der Nachmittag war angenehm warm, und es würde wohl auch nicht **regnen** – zumindest konnte er am Himmel keine einzige Wolke entdecken.

Er hatte sich sofort einen Platz ausgesucht, an dem er und Teddy heute die Nacht **verbringen** würden. Unter einem großen Baum, wo das Gras besonders **weich** aussah.

Als die Sonne unterzugehen begann, machte er sich auf. Am **Baum** angekommen, stellte er fest, dass das **Gras** keineswegs so weich war, wie er gehofft und erwartet hatte. Aber auch das störte ihn nicht. So fühlte es sich an, **frei** zu sein.

Er legte sich auf den Boden und machte es sich bequem.

„**Feucht** ist es hier", sagte er zu Teddy. „Findest du nicht auch? Vielleicht sollten wir uns einen anderen Baum suchen."

Gesagt, getan.

Aber auch unter dem nächsten Baum war es unangenehm feucht auf dem Boden. Hanno verzog das Gesicht. „Was tun wir denn jetzt? Sollen wir vielleicht auf einer **Bank** schlafen?"

Das hatten sie bereits mehr als einmal versucht. Und es war alles andere als **bequem** gewesen, ganz zu schweigen davon, dass sie mitten in der Nacht von einem Obdachlosen **fortgeschickt worden** waren, der behauptet hatte: „Das ist meine Bank! Such dir deine eigene!"

Hanno seufzte. Lieber schlief er hier auf dem feuchten Untergrund.

Mit der Nacht senkte sich eine angespannte **Stille** über den Park. Die Geräusche kleiner Nachttiere mischten sich in Hannos unruhige, nervöse **Träume**.

Als er erwachte, fühlte er sich wie gerädert und warf einen Blick auf seine Uhr. Fünf vor zwei Uhr morgens.

Seine Kleidung war nass und er **schlotterte**. Selbst Teddy schien das Lächeln vergangen zu sein. „Morgen ziehen wir weiter", sagte Hanno zu seinem Gefährten. „Berlin ist nichts für uns. Wir müssen in eine wärmere Gegend."

Am Morgen machten sich die beiden müde und **niedergeschlagen** auf den Weg zum Bahnhof. „Ach, Teddy", sagte Hanno, „glaubst du, wir werden jemals wieder ein **Zuhause** haben?"

Und dieses Mal hoffte er, dass der Bär ihm antworten könnte.

„Ja, **mein Sohn**, natürlich werdet ihr das. Das hattet ihr immer. Bei uns."

Hanno hätte nie gedacht, dass er sich einmal freuen würde, seine Eltern zu sehen.

„Bitte, komm mit uns nach Hause, Hanno. Wir **vermissen** dich so sehr", hörte er seine Mutter durch die Tränen sagen, die ihm auf einmal in die Augen schossen.

„Es tut uns leid, dass wir dir so viele **Vorschriften** gemacht haben. Wir wollen nur das Beste für dich im Leben. In deinem Alter ist es ganz normal, dass man sich unverstanden fühlt. Aber wir **lieben** dich und möchten, dass du **glücklich** bist."

„Wie habt ihr mich überhaupt **gefunden**?", brachte Hanno hervor.

„Elli sagte uns, sie hat dich gestern hier aus dem Zug steigen sehen. Also sind wir sofort losgefahren, die ganze Nacht durch. Dass wir dich hier erwischt haben, war **Zufall**", erklärte sein Vater.

„Hanno, bitte komm wieder nach Hause", flehte seine Mutter. „Wir haben uns solche Sorgen gemacht. Zwei **Monate** lang warst du fort. Wir versprechen, dass wir immer versuchen werden, dich zu verstehen und deine Wünsche zu respektieren."

Hanno konnte nichts mehr sagen. Er begann zu **schluchzen** und warf sich den beiden in die Arme.

Sie hatten recht. **Freiheit** hatte er noch sein ganzes Leben, aber er war immerhin erst fünfzehn. Und die Freiheit – naja, so **toll** war sie nun auch wieder nicht.

Zusammenfassung der Geschichte

Hanno geht ohne seinen Teddybär nirgendwohin. Die beiden sind beste Freunde und begleiten einander ständig. Hanno lebt ein Leben in ultimativer Freiheit, auch wenn das bedeutet, dass er kein Geld, kein Zuhause und keinen festen Wohnsitz hat. In einer besonders harten Nacht stellt er seine Lebensweise zum ersten Mal infrage, bevor er am nächsten Morgen durch Zufall Gelegenheit bekommt, nach Hause zurückzukehren.

Summary of the story

Hanno will not go anywhere without his teddy bear. The two of them are best friends and inseparable. Hanno lives a life of ultimate freedom, even if that means that he has no money, no home, and no place to stay. During a particularly hard night, he finds himself questioning his lifestyle for the first time before he gets an unexpected chance to return home the next morning.

Vocabulary

- **überallhin:** anywhere
- **alt:** old
- **verspotten:** to make fun of
- **(das) Gesicht:** face
- **zufrieden:** content
- **abgenutzt:** worn out
- **hellbraun:** light brown
- **(die) Nase:** nose
- **(das) Fell:** fur
- **(der) Ausdruck:** expression
- **(das) Geld:** money
- **(die) Landschaft:** landscape
- **(die) Sehenswürdigkeit:** sight/tourist attraction
- **(der) Zug:** train
- **(der) Fernsehturm:** Berlin TV tower
- **brauchen:** to need
- **verstehen:** to understand
- **nicken:** to nod
- **duschen:** to shower
- **(die) Seife:** soap
- **akzeptieren:** to accept
- **leben:** to live
- **(die) Antwort:** response
- **schmutzig:** dirty
- **stinken:** to stink
- **beste Freunde:** best friends
- **unendlich:** neverending
- **(der) Sklave:** slave
- **(die) Umwelt:** environment
- **mächtig:** mighty/powerful
- **dumm:** dumb/stupid
- **regnen:** to rain
- **verbringen:** to spend
- **weich:** soft
- **(der) Baum:** tree
- **(das) Gras:** grass
- **frei:** free
- **feucht:** damp
- **(die) Bank:** bench
- **bequem:** comfortable
- **fortgeschickt werden:** to be sent away
- **(die) Stille:** silence
- **(die) Träume:** dreams
- **schlottern:** to shiver
- **niedergeschlagen:** despondent/glum
- **(das) Zuhause:** home
- **mein Sohn:** my son
- **vermissen:** to miss

- **(die) Vorschriften:** regulations
- **lieben:** to love
- **glücklich:** happy
- **gefunden:** found
- **(der) Zufall:** coincidence/chance
- **(der) Monat:** month
- **schluchzen:** to sob
- **(die) Freiheit:** freedom
- **toll:** great

Questions about the story

1. **Wohin geht Hanno mit seinem Teddybär?**
   a. Überallhin
   b. Zum Fußball
   c. In den Park
   d. Zum Baden

2. **Welche Farbe hatte Hannos Teddy früher?**
   a. Grau
   b. Schwarz
   c. Hellbraun
   d. Rosa

3. **Wie kommen Hanno und sein Teddy nach Berlin?**
   a. Mit dem Auto
   b. Mit dem Zug
   c. Per Anhalter
   d. Zu Fuß

4. **Welche Sehenswürdigkeit ist in der Nähe des Parks, wo Hanno in Berlin schlafen will?**
   a. Das Brandenburger Tor
   b. Die Siegessäule
   c. Der Reichstag
   d. Der Fernsehturm am Alexanderplatz

5. **Wo finden Hannos Eltern ihn zufällig?**
   a. An der Bushaltestelle
   b. Am Bahnhof
   c. An der Autobahn
   d. Auf dem Fernsehturm

Answers

1. A - Anywhere
2. C – Light brown
3. B – By train
4. D – The TV tower at Alexanderplatz
5. B – At the train station

CHAPTER 13

EIN SPAZIERGANG

Irma geht sonst selten allein hinaus. Sie ist nicht mehr gut zu Fuß, und meistens ist ihr die Welt mit all ihren Menschen und ihren **Ereignissen** einfach zu schnell.

Aber heute, dachte sie, heute gehe ich ein wenig vor die Tür. Das **Wetter** ist so schön wie schon lange nicht mehr. Der **Frühling** war **kühl**, und bisher ist der Sommer noch immer nicht das, was die Zeitungen und Vorhersagen versprechen.

Auf einmal hörte sie ein leises Geräusch.

Sie konnte es nicht genau definieren; es klang wie ein leises, sanftes **Klopfen**, zwischen den Klopflauten eine Vibration, ähnlich wie das Gerät, mit dem sie sich die Füße massierte.

Jetzt war sie erst recht **neugierig**. Was war dieses Geräusch? Sie hatte noch nie etwas Ähnliches gehört. Vielleicht, wenn sie hinausginge und dem Geräusch folgte, konnte sie **herausfinden**, was es war.

Mühsam zog sie sich an. Das dauerte immer eine ganze Weile, denn ihre **Knochen** waren immer so steif, dass sie sich nur noch schwer bewegen wollten.

Das ist wohl ein weiterer Grund, warum ich nicht gerne hinausgehe, dachte sie. Es dauert immer so lange, bis ich **überhaupt angezogen** bin und mein Zimmer verlassen kann.

Irma lebte in einem **Heim für betreutes Wohnen** in der Innenstadt von Konstanz, einer kleinen Stadt am Bodensee. Nach ihrer zweiten Hüftoperation, als sie die Treppenstufen zu ihrer alten Wohnung nicht mehr allein hatte nehmen können, war sie hierher gezogen.

Ihre beiden Kinder und sieben Enkelkinder hatten nicht gewollt, dass sie in ein Heim ziehen musste. Heime seien **trostlos**, hatten sie gesagt. Aber es hatte auch niemand genug Zeit, sich um sie zu kümmern, also war nichts anderes übriggeblieben.

Nicht, dass sie deswegen böse gewesen wäre. Sie verstand die Situation **ausgesprochen** gut. Schließlich war sie auch einmal jung gewesen, wenn auch in einer anderen Zeit, die so weit entfernt schien und doch, als sei es erst gestern gewesen.

Sie hatte sich so in ihren **Gedanken** verloren, dass sie fast vergaß, ihren leichten Trenchcoat überzuziehen.

Das zupfende, **summende**, klopfende Geräusch drang immer noch durch das Fenster an ihre Ohren.

Irma warf einen kurzen **Blick** auf ihre Garnitur und stellte zufrieden fest, dass sie bereit war, das Zimmer zu verlassen. Ihre Kleidung war warm genug, um nicht zu **frieren**, aber dennoch nicht zu warm.

Ohne den Trenchcoat konnte sie selbst im Sommer niemals hinaus. Denn dann fror sie. Das hatte wohl mit ihren **Kreislaufproblemen** zu tun, nahm sie an.

Alte Leute froren nun einmal schnell.

Als sie die Tür zu ihrem Zimmer hinter sich abschloss, war das Geräusch schon ein wenig **lauter** geworden.

Neugierig ging sie zum Aufzug, fuhr in das Erdgeschoss und trat aus der Tür hinaus in die Sommerluft. Das Geräusch schwoll an und verwandelte sich jetzt zu einem rhythmischen Summen.

Irma ging dem Summen nach, als sei es ein **betörender** Duft. Wie verzaubert setzte sie langsam einen Fuß vor den anderen, natürlich nicht, ohne sich bei jeder Bewegung auf ihren **Rollator** zu stützen.

Heute störte es sie nicht, dass sie nur halb so schnell vorwärtskam wie alle anderen Menschen um sie herum.

Sie lächelte bei sich. Je näher sie dem Geräusch kam, desto **lieblicher** klang es. Aus rhythmischem Summen und zartem Klopfen wurde eine wunderschöne, zarte **Melodie**.

Irma hob eine Hand, um ihre Augen vor der **blendenden** Sonne abzuschirmen. Vor sich sah sie einen Platz, den sie schon hunderte Male überquert hatte – aber heute war er voller Menschen.

Es war keine hektische **Menge** wie die, vor denen sie sich manchmal so fürchtete. Die Menschen drängten, **schoben** und schubsten sich nicht. Nein, sie standen **friedlich** beisammen im Sonnenlicht, ihre Gesichter alle in eine Richtung gewandt.

Irma folgte dem Blick der Menschen in der Menge und sah, dass auf der gegenüberliegenden Seite des Platzes eine **Bühne** aufgebaut war.

Auf der Bühne standen vier **Musiker**. Zwei davon hielten Geigen in den Armen, ein weiterer schmiegte sich an ein Cello, vor dem vierten stand ein Kontrabass.

Ein Kammerorchester.

Irma lauschte **gespannt** der Melodie, die sie schon in ihrem Zimmer so betört hatte. Sie merkte nicht einmal, wie sie sich leicht mit der Musik zu wiegen begann, als sie **beseelt** in der Sonne stand und sich mit einem Mal alterslos fühlte.

Alle **Gebrechen** fielen von ihr ab. Die Hüfte schmerzte nicht mehr, auch die Knie gaben Ruhe. Sie fühlte sich, als wolle sie tanzen, als säße sie wieder ihrem verstorbenen Ehemann gegenüber und sähe seine **auffordernd** ausgestreckte Hand vor sich, wie damals, als sie **dreiundzwanzig** gewesen war.

Fast konnte sie seinen Duft riechen, als sie sich daran erinnerte, wie er sie zu Haydn **sanft** über die Tanzfläche geschwungen hatte ...

Dann lauschte sie. Das Kammerorchester spielte Haydn. Dasselbe Stück, bei dem sie zum ersten Mal mit ihm getanzt hatte.

Mit **geschlossenen** Augen blieb sie stehen, sie wusste nicht, wie lange, bis die Musik schließlich verstummte.

Wie lange hatte sie hier gestanden?

Es mochten zehn Minuten gewesen sein oder drei Stunden. Sie wusste es nicht, und es war ihr auch egal.

Irma machte sich in ihrem üblichen Tempo auf den Rückweg zum Heim. Der Trenchcoat **störte** sie ein wenig, also zog sie ihn aus und hängte ihn über ihren Rollator.

Sie fühlte sich **leicht**. Und sie fror nicht.

Irma lächelte in die untergehende **Sonne**.

Zusammenfassung der Geschichte

Irma ist alt und gebrechlich. Sie geht nicht mehr gerne nach draußen, weil sie nicht besonders gut zu Fuß ist und weil ihr die Welt zu schnell geworden ist. Aber eines Tages hört sie ein geheimnisvolles Geräusch, das sie fast magisch anzieht, und kann nicht anders, als sich zu überwinden und ihr Zimmer im Heim für betreutes Wohnen zu verlassen. Schon bald darauf findet sie sich inmitten entzückender Erinnerungen wieder und fühlt sich auf einmal wieder jung ...

Summary of the story

Irma is old and fragile. She does not like to go outside anymore because walking has become difficult and the world has become too fast for her. But one day she hears a mysterious noise outside that attracts her in a magical way, and she cannot help herself but to leave her room at the retirement home. She soon finds herself delightfully immersed in memories that make her feel young again...

Vocabulary

- **(das) Ereignis:** event
- **(das) Wetter:** weather
- **(der) Frühling:** spring
- **kühl:** cool
- **(das) Klopfen:** the knock
- **neugierig:** curious
- **herausfinden:** to find out
- **(die) Knochen:** bones
- **überhaupt:** at all
- **angezogen:** dressed
- **Heim für betreutes Wohnen:** nursing home
- **trostlos:** dreary
- **ausgesprochen:** very/markedly
- **(die) Gedanken:** thoughts
- **summen:** to hum
- **(der) Blick:** the look
- **frieren:** to be cold
- **(die) Kreislaufprobleme:** circulatory issues
- **lauter:** louder
- **betörend:** enchanting
- **(der) Rollator:** walker
- **lieblich:** sweet
- **(die) Melodie:** melody
- **blendend:** blinding
- **(die) Menge:** crowd
- **schieben:** to shove
- **friedlich:** peaceful
- **(die) Bühne:** stage
- **(der) Musiker:** musician
- **gespannt:** intently/eagerly
- **beseelt:** inspired
- **(das) Gebrechen:** affliction
- **auffordernd:** inviting (e.g. to a dance)
- **dreiundzwanzig:** twenty-three
- **sanft:** gentle
- **geschlossen:** closed
- **stören:** to bother
- **leicht:** light
- **(die) Sonne:** sun

Questions about the story

1. **Welches Kleidungsstück braucht Irma auch im Sommer?**

   a. Pullover

   b. Trenchcoat

   c. Lange Hose

   d. T-Shirt

2. **Wie viele Musiker stehen auf der Bühne?**

   a. Zwei

   b. Drei

   c. Vier

   d. Fünf

3. **Wie viele Geigen sieht Irma?**

   a. Eine

   b. Zwei

   c. Drei

   d. Vier

4. **Was spielt das Kammerorchester, als Irma auf den Platz kommt?**

   a. Mozart

   b. Bach

   c. Beethoven

   d. Haydn

5. **Wo wohnt Irma?**

   a. Wohnung

   b. Hotel

   c. Heim für betreutes Wohnen

   d. Krankenhaus

Answers

1. B - Trenchcoat
2. C - Four
3. B - Two
4. D - Haydn
5. C – In a nursing home

CHAPTER 14

DER SCHMETTERLING

Es war ein schöner Morgen, aber Maria konnte sich nicht **freuen**. Der Gesang der **Vögel**, der durch das offene **Fenster** drang und sie weckte, war für sie eher störend als schön.

Die Sonne schien hell durch die Scheibe ihres Dachfensters, unter dem sie das Bett aufgestellt hatte. Maria **stöhnte** und drehte sich zur Seite, dann griff sie nach ihrem Handy, das auf dem **Nachttisch** lag.

Ein Blick auf den **Bildschirm** verriet ihr, dass es noch sehr früh war, und sie zog sich die Decke über den Kopf, um noch einmal **einzuschlafen**.

Bilder zogen durch ihren Kopf wie ein **Stummfilm** im Kino.

Bilder von ihren **Kindern**, ihren Enkeln, von glücklichen Momenten.

Aber **vor allem** Bilder von ihrem Mann.

Sie schüttelte sich. Vielleicht war es doch **besser**, aufzustehen und sich **abzulenken**.

Ihre Katze schrie laut nach Futter, als sie die **Treppe** hinunterging und in die Küche tapste.

„Ist ja gut", sagte sie schläfrig, „du bekommst gleich **Futter**."

Sie öffnete den **Kühlschrank**, holte ihre Kaffeebohnen hervor und schüttete eine gute Handvoll in die **Mühle**. Dann drückte sie auf den Knopf, und selbst das Geräusch der Kaffeemühle, das sie früher immer als **angenehm** empfunden hatte, kam ihr heute schrill und **aufdringlich** vor.

Als die Kaffeebohnen genug gemahlen waren, um einen kräftigen Espresso zu machen, füllte sie das Pulver in ihre italienische **Kaffeekanne** und stellte sie auf den **Herd**. Dann schaltete sie die Platte ein, setzte die Kanne darauf und wandte sich wieder Fini, ihrer Katze, zu.

„Komm, Kleine, gehen wir runter und füllen deinen **Napf**."

Sie stieg die Treppe hinab und nahm einen Beutel Nassfutter aus dem Regal. Sie öffnete ihn und gab den Inhalt in den Napf, der aus Hygienegründen auf einer alten Zeitung stand.

Als ihre Katze selig und **gierig** zu fressen begann, stieg sie wieder die Treppe hinauf.

Katze müsste man sein, dachte sie. Den ganzen Tag nur fressen, schlafen und **gelegentlich** mal einen Vogel **fangen**. Was für ein Leben.

Als die Krankheit ihres Mannes so weit **fortgeschritten** war, dass er nicht mehr alleine gehen konnte, hatte sie ihn vom oberen **Stockwerk** ins Erdgeschoss verlegt.

Sie ging wieder in die Küche, um nach ihrem Kaffee zu sehen, und erinnerte sich an die **Pflegerin**, die eine Zeitlang bei ihr gelebt hatte, als es zu Ende ging. Mit ihr hatte sie morgens gern Kaffee getrunken.

Damals war sie nicht so allein gewesen.

Als der Kaffee in der Kanne zu **blubbern** begann, nahm sie das Metallgefäß vom Herd und goss sich die dunkle, aromatische **Flüssigkeit** in einen großen **Becher**. Mehr aus Reflex als aus einem wahren **Bedürfnis** heraus, ging sie mit dem Becher in der Hand auf die **Terrasse**.

Sie setzte sich an ihren Gartentisch und blickte in die **Landschaft**. Über ihr kreiste ein Roter Milan. Ihr Mann hatte diese Sorte **Raubvögel** immer am liebsten gemocht.

Er war davon überzeugt gewesen, dass Tiere **übersinnliche** Kräfte besaßen, die ihnen eine bessere emotionale und spirituelle **Wahrnehmung** verliehen als Menschen. Als er nicht mehr **sprechen** konnte, ein paar Tage vor seinem Tod, hatte ihn ein Roter Milan besucht.

Er hatte gerade in seinem Lieblingssessel **geschlummert**, dann war er urplötzlich erwacht und hatte die **Augen** weit aufgerissen. Sein Kopf hatte sich von dem weichen **Schaffell** erhoben, mit dem Maria das Möbelstück ausstaffiert hatte, und mit großem, starrem Blick durch die **Glastür** zur Terrasse gesehen.

Und dann, als Maria ihn **angeschaut** hatte, machte er ihr das letzte Mal ein Geschenk, das sie schon sehr lange nicht mehr bekommen hatte: Er lächelte.

Er lächelte und zeigte mit einem schwachen, dürren, **zitternden** Finger hinaus. Und als sie seinem Blick folgte, sah sie den Vogel. Er hüpfte ein paarmal auf den steinernen Fliesen, dann blieb er wie angewurzelt stehen und starrte in das Haus, durchdrang sie mit einem **unheimlichen** Blick.

In diesem Moment hätte ich mir denken können, dass es bald **vorbei** sein würde, dachte sie bei sich, als sie sich erinnerte.

Ihr Mann hatte eine **Freudenträne** vergossen. Normalerweise kamen die scheuen Raubvögel nie in die Nähe von Menschen.

Maria spürte den Stich in ihrem Herzen, der inzwischen so vertraut war. Ein heiseres Zupfen, vom dem alle sagten, die Zeit würde es **heilen** – aber bisher war noch nichts dergleichen geschehen.

Sie seufzte und zwang sich, ihren Blick von dem Vogel loszureißen.

Stattdessen beobachtete sie jetzt ihre Katze, die offensichtlich ihr **Frühstück** beendet hatte, aber dennoch auf Jagd war, wie Katzen es eben permanent sind.

Sie huschte und sauste mit großen Augen und **geweiteten** Pupillen um den Flieder, und Maria versuchte, zu sehen, was sie da jagte.

Ihr Blick fiel auf einen eigenartigen Schmetterling.

Sie kannte sich mit den tierischen **Bewohnern** ihres Gartens recht gut aus, aber ein solches Tier hatte sie noch nie gesehen. Der Schmetterling war rostbraun, und als sie ihre Katze **davonscheuchte**, um ihn sich besser anzusehen, fiel ihr auf, dass er eine Art Fell auf seinen **ledrig** aussehenden **Flügeln** trug.

Gott sei Dank habe ich das Tier vor meiner Katze gerettet, dachte sie. Vielleicht ist es eine **seltene** Art, ja vielleicht sogar bedroht.

Der Tag verging wie jeder andere. Sie telefonierte und schrieb **Nachrichten** mit Freunden und ihren Kindern. Sonst nichts; sie war und fühlte sich immer noch allein.

Morgen würde ihre Enkelin zu Besuch kommen, und dieser Gedanke setzte ihr ein Lächeln auf, als sie **schlafen ging**.

Am nächsten Morgen strahlte die Sonne wieder mit voller Kraft, und wieder ging Maria auf die Terrasse, um ihren Kaffee zu trinken.

Als sie sich gesetzt hatte und einen Blick auf den **Flieder** warf, sah sie denselben eigenartigen Schmetterling. Und dem nicht genug — er flog direkt auf sie zu und **landete** auf der Lehne des anderen Terrassenstuhls!

Was ist denn nun los, dachte Maria. Ich muss ihn fotografieren und herausfinden, um was für ein Tier es sich handelt. Und **zum ersten Mal** spürte sie, wie ein echtes Gefühl durch ihre **Trauer** drang: Neugierde.

Vorsichtig nahm sie ihr Handy und hob es langsam, um den Schmetterling nicht zu **erschrecken**. Dann bewegte sie behutsam den Finger zum Abzug und tippte sanft auf den Bildschirm.

Sehr zufrieden mit dem Ergebnis, schickte sie das Bild ihrer Tochter Felicitas.

„Was ist das für ein Tier? Ich sehe es heute schon zum zweiten Mal auf meiner Terrasse, schaust du bitte nach? Ich kann doch mit dem Internet nicht **umgehen**", schrieb sie unter das Foto.

Felicitas ließ nie lange auf eine Antwort warten. „Klar, Mom. Einen Moment."

Während Maria auf Neuigkeiten wartete, **musterte** sie den Schmetterling. Wo er ihr gestern noch **hässlich** und unheimlich vorgekommen war, schien er bei genauerem Hinsehen sogar **hübsch** zu sein.

Sie sah zarte, pastellgelbe Punkte auf den ledrigen Flügeln, wenn auch fast zu klein, um wahrgenommen zu werden. Sein Kopf war voller **Flaum** und seine kleinen **Fühler** streckten sich in ihre Richtung aus, als wolle er mit ihr Kontakt aufnehmen.

„Was machst du hier, kleiner Kerl?", fragte sie das Tier laut. „Du musst **aufpassen**, weißt du, ich habe eine Katze. Lass dich von ihr nicht fangen."

Der Schmetterling **zuckte** noch zweimal mit den Fühlern, dann flatterte er mit seinen Flügeln und flog wieder zum Flieder.

Maria konnte es nicht **erklären**, aber sie wusste, dass sie ihren neuen Freund morgen **wiedersehen** würde.

Einen Augenblick später **piepte** ihr Handy. Es war Felicitas, die ihr einen Eintrag aus einem Tierlexikon **weitergeleitet** hatte. Er zeigte ein Bild ihres Schmetterlings, direkt daneben stand ein Text:

„Das Tagpfauenauge sieht in jungem Alter **traurig** und **düster** aus, **entwickelt** sich aber dann zu einem der schönsten Schmetterlinge unserer Gefilde. Spirituelle **Bedeutung**: Transformation, Wiedergeburt, **Hoffnung**.“

Zusammenfassung der Geschichte

Maria ist einsam. Lange hat sie ihren todkranken Mann bei sich zu Hause gepflegt, und seit er verstorben ist, fühlt sie sich leer und traurig. Als sie eines Tages am Himmel einen Roten Milan sieht, erinnert sie sich an einen wundervollen Moment aus den letzten Tagen ihres geliebten Ehemannes. Doch damit nicht genug; ohne es zu erwarten, findet sie einen ungewöhnlichen kleinen Gefährten, der ihrem Leben neue Hoffnung verspricht.

Summary of the story

Maria is lonely. She had cared for her terminally ill husband for a long time and ever since he passed away, she has been feeling empty and sad. One day, when she sees a red kite soar through the sky, she remembers one wonderful moment from the last days of her husband's life. Moreover, without expecting it, she also finds an unusual little companion who gives her life the promise of a new hope.

Vocabulary

- **sich freuen:** to be excited
- **(der) Vogel:** bird
- **(das) Fenster:** window
- **stöhnen:** to moan
- **(der) Nachttisch:** bedside table
- **(der) Bildschirm:** screen
- **einschlafen:** to fall asleep
- **(der) Stummfilm:** silent movie
- **(die) Kinder:** kids/children
- **vor allem:** most of all
- **besser:** better
- **ablenken:** to distract
- **(die) Treppe:** stairs
- **(das) Futter:** food
- **(der) Kühlschrank:** refrigerator
- **(die) Mühle:** the mill; here: grinder
- **angenehm:** pleasant
- **aufdringlich:** obtrusive
- **(die) Kaffeekanne:** coffee pot
- **(der) Herd:** stove
- **(der) Napf:** saucer
- **gierig:** greedy
- **gelegentlich:** now and then/occasionally
- **fangen:** to catch
- **fortgeschritten:** advanced
- **(das) Stockwerk:** floor
- **(die) Pflegerin:** caretaker
- **blubbern:** to bubble
- **(die) Flüssigkeit:** liquid
- **(der) Becher:** mug
- **(das) Bedürfnis:** need
- **(die) Terrasse:** patio
- **(die) Landschaft:** landscape
- **(der) Raubvogel:** bird of prey
- **übersinnlich:** supernatural
- **(die) Wahrnehmung:** perception
- **sprechen:** to speak
- **schlummern:** to slumber
- **(die) Augen:** eyes
- **(das) Schaffell:** sheep skin
- **(die) Glastür:** glass door
- **anschauen:** to look at
- **zitternd:** trembling
- **unheimlich:** scary/eerie/uncanny
- **vorbei:** over

- **(die) Freudenträne:** tear of joy
- **heilen:** to heal
- **(das) Frühstück:** breakfast
- **geweitet:** widened
- **(der) Bewohner:** inhabitant
- **davonscheuchen:** to chase off
- **ledrig:** leathery
- **(der) Flügel:** wing
- **selten:** rare
- **(die) Nachrichten:** news
- **schlafen gehen:** to go to sleep
- **(der) Flieder:** lilac
- **landen:** to land
- **zum ersten Mal:** for the first time

- **(die) Trauer:** grief
- **erschrecken:** to startle
- **umgehen:** to handle
- **mustern:** to inspect
- **hässlich:** ugly
- **hübsch:** pretty
- **(der) Flaum:** fluff
- **(die) Fühler:** antennae
- **aufpassen:** to be careful
- **zucken:** to twitch
- **erklären:** to explain
- **wiedersehen:** to see again
- **piepen:** to beep
- **weiterleiten:** to forward
- **traurig:** sad
- **düster:** dark
- **entwickeln:** to develop
- **(die) Bedeutung:** meaning
- **(die) Hoffnung:** hope

Questions about the story

1. **Wie mahlt Maria ihre Kaffeebohnen?**

   a. Mit den Händen

   b. In einem Häcksler

   c. Mit der Mühle

   d. Sie kauft den Kaffee schon als Pulver

2. **Wie heißt Marias Katze?**

   a. Fini

   b. Fina

   c. Fino

   d. Filou

3. **Wo sieht Maria den Schmetterling zum ersten Mal?**

   a. In der Tanne

   b. Im Lavendel

   c. In den Rosen

   d. Im Flieder

4. **Mit wem hat Maria früher gern Kaffee getrunken?**

   a. Mit der Pflegerin

   b. Mit ihrer Schwester

   c. Mit ihrer Enkelin

   d. Mit ihrer Tochter

5. **Wie heißt Marias Tochter?**

   a. Franziska

   b. Felicitas

   c. Freya

   d. Fabienne

Answers

1. C – With a grinder
2. A - Fini
3. D – On the lilacs
4. A – With the caretaker
5. B - Felicitas

CHAPTER 15

FREUNDE FÜRS LEBEN

Ich kann es kaum **glauben**. Schon wieder steht Chica vor meiner **Haustür**. Das ist schon das dritte Mal, seit ich sie verkauft habe. **Jedes Mal** bringe ich sie dann zum Nachbarn zurück, und jedes Mal taucht sie wieder auf.

Ich habe Chica als kleines **Fohlen** auf einer **Auktion** gekauft. Sie ist mir unter all den anderen kleinen Stuten sofort aufgefallen: Ihr **geschmeidiger** Gang, ihre schöne, schlanke **Statur** und ihre wachen, aufmerksamen Augen.

Ich wusste sofort, dass sie **anders** ist als andere Pferde.

Als ich sie mit nach Hause nahm, waren alle gleich **begeistert**. Mama und Papa **staunten**, dass ich es geschafft hatte, auf einer Auktion ein solches Pferd zu finden. Selbst mein großer **Bruder** Joe, der sich sonst immer für den geborenen **Pferdeflüsterer** hält und der Meinung ist, niemand wüsste so viel über Pferde wie er, machte mir ein **Kompliment**.

„Hey, was für ein schöner **Körper**!", sagte er, als er mir half, Chica aus dem **Hänger** zu laden. „Wenn ihre Gänge jetzt auch noch dazu **passen**, hast du einen echten Fang gemacht!"

Ein paar Wochen später, als sich die junge **Stute** auf unserem Hof **eingelebt** hatte, **arbeitete** ich zum ersten Mal mit ihr an der Longe und Joe sah uns zu.

Joe **pfiff** durch die Zähne, dann rief er **anerkennend**: „Unglaublich,

Jen – ihre Gänge passen tatsächlich zum Körper. Hast du **gut gemacht**, Schwesterchen."

„Danke", erwiderte ich stolz. „Aber du weißt ja, dass wir sie nicht **behalten** können. Sobald sie **eingeritten** ist, werde ich sie weiterverkaufen."

„Sicher, sicher. Aber du kannst für sie vermutlich einen **guten Preis** bekommen, wenn sie sich weiterhin so gut entwickelt."

Ich lächelte. Ein wenig **Ahnung** musste er mir also doch zugestehen.

Inzwischen ist Chica zweieinhalb Jahre alt, und ich habe sie mit Joes **Hilfe** selbst eingeritten. Sie geht geschmeidig wie eh und je, mit **Reiter** und ohne. Dank ihrer Herkunft als **Vollblut** kann man sie vielleicht später sogar im Rennbetrieb einsetzen.

Pferderennen waren schon immer die **Leidenschaft** meines Nachbarn. Ich habe damit keine **Erfahrung**, denn wir sind eine Reitanlage mit Schulbetrieb und Reittherapie; aber als ich Chicas Potenzial erkannte, **erwähnte** ich sie in meinem nächsten Gespräch mit dem Nachbarn beiläufig.

„Eine ganz schöne **Rakete**", erklärte ich ihm. „Sie wird ihrem zukünftigen **Besitzer** nicht nur einen Preis einbringen."

Ein paar Tage waren vergangen, dann hatte der **Nachbar** an meine Tür geklopft. „Ich bin wegen der Stute hier", hatte er mir **eröffnet**. „Gesehen habe ich sie ja schon öfter, aber ich glaube, ich würde sie gern **kaufen**. Für die **Rennbahn**."

„**Sicher**", erwiderte ich. „Kommen Sie doch herein, dann **unterhalten** wir uns bei einem Kaffee."

Und so kam es, dass ich Chica für das Fünffache des Preises, den ich bei der Auktion für sie **bezahlt** hatte, an den Nachbarn verkaufte.

Das Problem ist aber, oder so **scheint** es zumindest zu sein: Sie **will** sich nicht verkaufen lassen.

Seit einer knappen Woche ist sie jetzt beim Nachbarn, und ständig taucht sie wieder bei uns auf. Es ist wie **verhext**; der Nachbar sagt, sie **springt** einfach über den Zaun und rennt davon.

Wieder einmal gehe ich auf Chica zu und **führe** sie zurück zu ihrem neuen Zuhause. Ich brauche dafür nicht einmal ein **Halfter**; sie folgt mir einfach.

Ich weiß, dass Chica und ich eine **besondere** Beziehung zueinander haben. Aber ich weiß auch, dass ich keine **Zeit** habe, dieses Tier zu behalten, so wundervoll sie auch sein mag.

Ich gebe jeden Tag **Reitstunden** und habe mehrere Therapiepferde, deren Training und **Gesundheit** ich täglich überwachen muss.

Ein Rennpferd passt nicht in mein Leben, so oft ich auch schon darüber **nachgedacht** habe, ob es vielleicht doch einen **Weg** gäbe, Chica behalten zu können.

Und als ich beim Nachbar **ankomme**, begrüßt dieser uns auch schon ganz erfreut.

„Na, Chica, du alter **Frechdachs**! Bist du schon wieder **ausgebüxt**, ja?", ruft Fred mit einem lauten Lachen. Dann wendet er sich mir zu und sagt: „Ich muss mir wohl etwas Schlaueres überlegen als einen einfachen **Zaun**. Ich werde nachher mal zum **Baumarkt** fahren und sehen, was mir dort für Ideen kommen."

Ein paar Tage vergehen, dann steht Chica abermals vor dem Zaun meiner **Koppel**.

Als ich sie zurückbringe, sagt der Nachbar: „Das kann doch nicht sein! Ich habe den Zaun so viel höher gemacht, und sie ist **trotzdem** entwischt! Dieses Mal ist sie nicht darüber gesprungen, sondern hat herausgefunden, wie sie mit dem Maul den Riegel öffnen kann! Was sollen wir denn nur tun?"

Ich überlege, Gedanken **kreisen** durch meinen Kopf. Unter anderem Gedanken, die ich schon seit längerer Zeit habe.

„Darf ich auf einen Kaffee **hereinkommen?**", frage ich schließlich. „Ich glaube, ich hätte da eine Idee."

Allzu schlecht kann meine Idee nicht gewesen sein, denn der Nachbar **willigt ein**.

Ein **Kompromiss** ist in so vielen Situationen die beste Lösung, denke ich bei mir. Aber die Menschen denken zu selten darüber nach, dass auch mit einem Kompromiss alle zufrieden sein können.

Ich **verlasse** das Haus, gehe hinüber zur Koppel und rufe nach Chica. Natürlich lässt sie sich das nicht zweimal sagen und kommt **sofort**, als sie meine Stimme hört.

„Gehen wir nach Hause, mein Mädchen", sage ich liebevoll. „In Zukunft wohnst du wieder bei mir, wo du dich am wohlsten fühlst. Aber du musst mir auch den **Gefallen** tun und **brav** mit Fred trainieren, damit du viele Preise gewinnst. Denn die **bekommt** er dann. So haben wir uns geeinigt."

Natürlich kann ich es nicht genau sagen – **schließlich** bin ich kein Pferdeflüsterer wie mein Bruder – aber ich hätte **schwören** können, dass die Stute mir mit einem leisen Schnauben **vergnügt** zugestimmt hat.

Zusammenfassung der Geschichte

Jen kauft ein Fohlen bei einer Pferdeauktion. Von Anfang an spürt sie, dass sie eine besondere Verbindung zu dem Tier hat, kann es aber nicht behalten, da der Betrieb der Reit- und Therapieschule ihr zu viel abverlangt. Als das Pferd ausgebildet ist und Jen das Potenzial der Stute erkennt, ein erfolgreiches Rennpferd zu werden, verkauft sie das Tier an ihren Nachbarn Fred, der eine Leidenschaft für den Rennsport besitzt. Allerdings glückt dies nur bedingt, denn beinahe jeden Tag steht die Stute wieder bei Jen vor der Tür.

Summary of the story

Jen buys a foal at a horse auction. From the start she feels as though she has a special connection to the horse, but she knows she cannot keep her since running a riding school keeps her too busy. Once the mare is trained and Jen discovers her potential to become a successful racing horse, she sells her to next-door neighbor Fred, who has a passion for horse racing. However, this is only partially successful because the mare keeps showing up on Jens doorstep.

Vocabulary

- **glauben:** to believe
- **(die) Haustür:** front door
- **jedes Mal:** every time
- **(das) Fohlen:** foal
- **(die) Auktion:** auction
- **geschmeidig:** sleek
- **(die) Statur:** the build (physique)
- **anders:** different
- **begeistert:** thrilled
- **staunen:** to marvel
- **(der) Bruder:** brother
- **(der) Pferdeflüsterer:** horse whisperer
- **(das) Kompliment:** compliment
- **(der) Körper:** body
- **(der) Hänger:** trailer
- **passen:** to fit
- **(die) Stute:** mare
- **sich einleben:** to settle in
- **arbeiten:** to work
- **pfeifen:** to whistle
- **anerkennend:** appreciative/in an approving manner
- **unglaublich:** unbelievable
- **gut gemacht:** well done
- **behalten:** to keep
- **eingeritten:** broken in
- **guter Preis:** good price
- **(die) Ahnung:** knowledge/idea
- **inzwischen:** meanwhile
- **(die) Hilfe:** assistance
- **(der) Reiter:** rider
- **(das) Vollblut:** thoroughbred
- **(das) Pferderennen:** horse race
- **(die) Leidenschaft:** passion
- **(die) Erfahrung:** experience
- **erwähnen:** to mention
- **(die) Rakete:** rocket
- **(der) Besitzer:** owner
- **(der) Nachbar:** neighbor
- **eröffnen:** to declare
- **kaufen:** to buy
- **(die) Rennbahn:** race track
- **sicher:** sure
- **sich unterhalten:** to have a chat
- **bezahlen:** to pay
- **scheinen:** to seem
- **wollen:** to want

- **verhext:** bewitched
- **springen:** to jump
- **führen:** to lead
- **(das) Halfter:** holster
- **besonders:** special
- **(die) Zeit:** time
- **(die) Reitstunden:** horse riding lessons
- **(die) Gesundheit:** health
- **nachdenken:** to think about
- **(der) Weg:** the way
- **ankommen:** to arrive
- **(der) Frechdachs:** rascal
- **ausbüxen:** to escape
- **(der) Zaun:** fence
- **(der) Baumarkt:** hardware store
- **(die) Koppel:** pen (enclosure)
- **trotzdem:** still
- **kreisen:** to circle
- **hereinkommen:** to come in
- **einwilligen:** to agree
- **(der) Kompromiss:** compromise
- **verlassen:** to leave
- **sofort:** at once
- **(der) Gefallen:** favor
- **brav:** good (behavior)
- **bekommen:** to receive
- **schließlich:** after all
- **schwören:** to swear
- **vergnügt:** chipper

Questions about the story

1. **Wo hat Jen Chica gekauft?**

   a. Tierhandlung

   b. Bei einem Bauern

   c. Beim Nachbarn

   d. Auktion

2. **Wie gelangt Chica immer wieder zurück zu Jen?**

   a. Sie gräbt einen Tunnel

   b. Sie springt über den Zaun

   c. Sie zerstört den Zaun

   d. Sie schlüpft durch ein Loch im Zaun

3. **Was ist an Chica so besonders?**

   a. Ihre Farbe

   b. Ihre Größe

   c. Ihre Mähne und ihr Schweif

   d. Ihr wacher Blick und geschmeidiger Gang

4. **Wofür hält sich Jens Bruder?**

   a. Frauenheld

   b. Alleswisser

   c. Pferdeflüsterer

   d. Sternekoch

5. **In welchem Alter verkauft Jen Chica an Fred?**

   a. Zweieinhalb Jahre

   b. Dreieinhalb Jahre

   c. Zwei Monate

   d. Zweieinhalb Monate

Answers

1. D - Auction
2. B – She jumps over the fence
3. D – Her alert gaze and smooth way of walking
4. C – Horse whisperer
5. A – Two and a half years

CHAPTER 16

DER ABGRUND UND
SEIN HIMMELSZELT

Fernando ging nicht gerne zur **Arbeit**. Das wusste er, obwohl er noch nie eine andere Arbeit gehabt hatte und seinen Job mit nichts **vergleichen** konnte.

Aber er mochte das Dunkel nicht. Das Dunkel und die Enge und den **Geruch** nach nassem **Stein**.

Auch den **Staub** mochte er nicht. Den Staub, der sich auf seine **Haut** legte, in seine Augen und seinen Mund **kroch**.

Als er sich mit seinem kleinen Moped näherte, hörte er über das Rattern des Motors und trotz des Fahrtwindes schon das **klickende** Geräusch von Hämmern in der **Tiefe**.

Seufzend zog er seine **Ausrüstung** an und stieg in die Mine hinunter. Ricardo, den er ablöste, würde sicher schon **sehnsüchtig** auf ihn warten, um wieder ans **Tageslicht** zu kommen.

Wenn Fernando es recht bedachte, glaubte er, dass keiner seiner **Kollegen** die Arbeit besonders gern hatte. Aber in seiner kleinen Stadt gab es nicht viele andere Dinge, die man tun konnte, und da die meisten Männer **Familien** zu **ernähren** hatten, fügten sie sich in ihr **Schicksal**.

Natürlich hatte Fernando oft schon daran gedacht, einfach **aufzuhören** und mit seiner Frau und seinen beiden Kindern **woandershin** zu gehen. Fort, vielleicht auch einfach ohne **Ziel**.

Aber dann erinnerte er sich daran, wie wenig **Geld** sie hatten, und dass sie auch in ihrem jetzigen **Zustand** schon kaum **über die Runden kamen**, und die Realität holte ihn wieder ein.

Zwanzig, vielleicht fünfundzwanzig Jahre noch, dachte er bei sich, als der dunkle **Schlund** der Mine ihn verschlang. Geräusche prasselten auf ihn hernieder: Das Rattern und Klackern der **Schienen**, wenn die **Minenfahrzeuge** sich darüber fortbewegten, das Klopfen und Klirren der Hämmer, die immer und immer wieder hart auf den Stein trafen.

Er ging an seinen Platz, gab Ricardo einen **Handschlag** und machte sich daran, sein **Tagwerk** zu verrichten.

Wie er schon vermutet hatte, war Ricardo sehr erfreut und **strahlte** über beide Ohren, als er ihn sah.

„Ich weiß nicht, wie du das machst", sagte er, bevor er sich an seinen **Aufstieg** aus dem Schlund machte. „Ich könnte **niemals** die **Abendschicht** arbeiten. Ich freue mich immer so sehr, wenn ich wieder in die normale Welt hinaufkomme und es noch **hell** ist."

„Das verstehe ich gut", antwortete Fernando, „aber ich **verbringe** die Tage lieber mit meiner Familie. Um diese Zeit bringt meine Frau die Kinder schon ins **Bett**, dann macht sie es sich mit einem **Buch** gemütlich. Da **verpasse** ich nicht mehr viel."

„**Jedem das Seine**", gab Ricardo zurück. „Wenn ich Familie hätte, würde ich das wahrscheinlich **genauso** sehen wie du. Aber ich habe die Abende lieber frei, um **auszugehen** und neue Frauen kennenzulernen. Ja, Mädels mögen unsere **knackigen**, muskulösen Bergbauarbeiterkörper."

Fernando wusste nicht, was er dazu sagen sollte, also lachte er nur.

Er war sehr glücklich mit seiner Frau und seinen Kindern und er konnte sich nicht **vorstellen**, jemals etwas anderes zu wollen. Sie liebte ihn, das wusste er, und er **erwiderte** ihre Liebe mit allem, was er zu **geben** hatte. Ihre gemeinsamen Kinder sah er als ein Produkt dieser Liebe und er liebte sie aus diesem **Grund** umso mehr.

Während Fernando den dunklen, harten und **rauen** Stein mit Hammer und Meißel **bearbeitete**, betrachtete er zum ersten Mal das **kantige** Mineral, mit dem er den **Lebensunterhalt** für seine Familie verdiente.

Der Stein unter seinem Meißel blitzte anthrazitfarben, fast **schwarz**. Und doch glaubte Fernando auf einmal, **mehr** in seinen Tiefen sehen zu können. Je länger er die **Furchen** betrachtete, die sich vor ihm auftaten, desto mehr begann der Stein zu **glitzern** und zu funkeln.

Mit einem **genaueren** Blick sah er **tausende** und abertausende von kleinen **Lichtern** vor sich aufblitzen. Wie **schwammige**, neblige Galaxien **erstrahlten** die glatten Kanten des Minerals vor seinen Augen zu **endlos** tiefen Universen voller **Sterne** und wie hypnotisiert stellte Fernando sich vor, dass diese **Gebilde** in sich ein Mini-Weltall waren, auf ihre eigene kleine Art und Weise nicht minder hell und strahlend wie die Sterne selbst.

In der einen kurzen **Pause**, die er jede Schicht machen durfte, ging Fernando normalerweise nie ins Freie. Der Weg, den er **zurücklegen** musste, um hinauf und nach draußen zu gelangen, **lohnte sich** nicht.

Aber **heute** war es anders.

Heute **beschloss** er, den Weg auf sich zu nehmen und an die **frische Luft** zu gehen.

Oben angelangt, setzte er sich auf einen **Felsen** und aß sein spärliches **Vesper**.

Er hatte nicht auf die Uhr gesehen, aber die **Nacht** war bereits hereingebrochen, und eine friedliche, **träge** Stille lag über der **Steppe**.

Fernando sah in die Ferne und **bemerkte**, dass die Felsformationen und die spärlichen Kakteen und Drachenbäume **Schatten** auf den ausgetrockneten Boden warfen.

Dann sah er nach oben.

Über ihm **leuchtete** weiß und silbern der Mond. Der Schein war so hell, dass er die Steppe um ihn herum in ein fahles Licht hüllte.

Die **Schwester** der Sonne, dachte er bei sich. Und so vieler weiterer Sterne und **Planeten**.

Er lehnte sich auf seinem Felsen zurück und betrachtete die Sterne. Weit oben funkelten sie wie Diamanten auf einer dunkelblauen **Decke** aus **Samt**.

Und er dachte daran, dass der Stein in der Mine genauso gefunkelt hatte.

Vielleicht war doch alles eins.

Zusammenfassung der Geschichte

Fernando arbeitet in einer Mine. Er liebt seinen Job nicht, weiß aber auch, dass er in der harten Realität seines Lebens nicht viele andere Möglichkeiten hat, seine Familie zu ernähren. Als er eines Tages wie gewohnt zur Arbeit fährt und seinen Freund und Kollegen Ricardo ablöst, ändert sich seine Ansicht, als sein Horizont sich erweitert. Denn durch einen bestimmten Betrachtungswinkel der Natur um sich herum stellt Fernando fest, dass alles, was man als Mensch erfahren und erleben kann, miteinander verknüpft ist.

Summary of the story

Fernando works in a mine. He does not love his job, but he also knows that the tough reality of his life does not offer him many other possibilities to make a living for himself and his family. One day he rides to work as usual, takes over for his friend and co-worker Ricardo and changes his point of view as he is experiencing an epiphany. Through looking at the nature that surrounds him from a different angle, Fernando realizes that all human experience is tied together.

Vocabulary

- **(die) Arbeit:** the work
- **vergleichen:** to compare
- **(der) Geruch:** smell
- **(der) Stein:** stone
- **(der) Staub:** dust
- **(die) Haut:** skin
- **kriechen:** to crawl
- **klicken:** to click
- **(die) Tiefe:** depth
- **seufzen:** to sigh
- **(die) Ausrüstung:** equipment
- **sehnsüchtig:** longingly
- **(das) Tageslicht:** daylight
- **(der) Kollege:** co-worker
- **(die) Familie:** family
- **ernähren:** to feed
- **(das) Schicksal:** fate
- **aufhören:** to stop
- **woanders:** elsewhere
- **(das) Ziel:** destination
- **(das) Geld:** money
- **(der) Zustand:** state
- **über die Runden kommen:** to get by/make ends meet
- **(der) Schlund:** maw
- **(die) Schienen:** tracks (rail)
- **(das) Minenfahrzeug:** mining vehicle
- **(der) Handschlag:** handshake
- **(das) Tagwerk:** day work
- **strahlen:** to beam
- **(der) Aufstieg:** ascent
- **niemals:** never
- **(die) Abendschicht:** evening shift
- **hell:** bright
- **verbringen:** to spend
- **(das) Bett:** bed
- **(das) Buch:** book
- **verpassen:** to miss
- **jedem das Seine:** to each their own
- **genauso:** just like
- **ausgehen:** to go out
- **knackig:** crisp
- **vorstellen:** to imagine
- **erwidern:** to reciprocate
- **geben:** to give
- **(der) Grund:** reason
- **rau:** rough
- **bearbeiten:** to work on
- **kantig:** edged

- **(der) Lebensunterhalt:** living/livelihood
- **schwarz:** black
- **mehr:** more
- **(die) Furche:** furrow
- **glitzern:** to glitter
- **genauer:** closer
- **tausende:** thousands
- **(die) Lichter:** lights
- **schwammig:** blurry
- **erstrahlen:** to glow
- **endlos:** endless
- **(der) Stern:** star
- **(das) Gebilde:** form/formation
- **(die) Pause:** break
- **zurücklegen:** to travel
- **sich lohnen:** to be worthwhile
- **heute:** today
- **beschließen:** to decide
- **frische Luft:** fresh air
- **(der) Fels:** rock
- **(das) Vesper:** snack
- **(die) Nacht:** night
- **träge:** sluggish/idle
- **(die) Steppe:** steppe
- **bemerken:** to notice
- **(der) Schatten:** the shadow
- **leuchten:** to flash
- **(die) Schwester:** sister
- **(der) Planet:** planet
- **(die) Decke:** blanket
- **(der) Samt:** velvet
- **vielleicht:** perhaps

Questions about the story

1. **Wo arbeitet Fernando?**

   a. In einem Supermarkt

   b. Er ist Gärtner

   c. In einer Mine

   d. Er ist Busfahrer

2. **Wie viele Kinder hat Fernando?**

   a. Zwei

   b. Keine

   c. Eins

   d. Drei

3. **Wie viele Kinder hat Ricardo?**

   a. Zwei

   b. Keine

   c. Eins

   d. Drei

4. **Welche Schicht arbeitet Fernando?**

   a. Mittags

   b. Nachts

   c. Morgens

   d. Abends

5. **Wie lange muss Fernando noch arbeiten?**

   a. Zwanzig bis fünfundzwanzig Jahre

   b. Zehn bis fünfzehn Jahre

   c. Dreißig Jahre

   d. Fünf Jahre

Answers

1. C – In a mine
2. A - Two
3. B - None
4. D – In the evening
5. A – Twenty to twenty-five years

CHAPTER 17

FERIEN IM PARADIES

Mein **Verlobter** Michael hat schon immer davon geträumt, einmal in seinem Leben auf den Malediven **Urlaub** zu machen. Und **endlich** ist es so weit.

Letzte Woche haben wir geheiratet. Die **Hochzeit** war wie aus einem Bilderbuch: Alle unsere Freunde und Familie waren da, ich ging am Arm meines Vaters zum Altar und kein Auge war **trocken** geblieben.

Inzwischen sind alle Freunde und Verwandten wieder **abgereist** und **Ruhe** ist eingekehrt. Nur für uns nicht, denn wir machen uns morgen auf den Weg ins **Paradies**! Die **Koffer** sind gepackt, die Vorfreude ist riesig. Wir können es beide kaum erwarten.

Früh **morgens** geht unser Zug zum **Flughafen**, und wir haben kein Problem damit, rechtzeitig **aus den Federn zu kommen**; schließlich haben wir ohnehin kaum ein Auge zugetan, weil wir so **aufgeregt** sind.

Die Anreise verläuft glatt, der Flug ist **ruhig**. Auf der **Hauptinsel** der Malediven gelandet, werden wir sofort freundlich von unserer **Reiseleiterin** in Empfang genommen. „Herr und Frau Palm?", fragt eine Dame mit einem **wohlwollenden** Lächeln.

„Das sind wir", bestätigt Michael.

„Bitte hier entlang. Hatten Sie einen angenehmen **Flug**?"

„Ja, vielen Dank. Absolut **ereignislos**.“

„Wie man sich das wünscht. Freut mich sehr, Herr Palm. Ich werde Sie jetzt zu Ihrem **Boot** bringen.“

Ohne ihr Lächeln zu verlieren, führt uns die Dame aus dem kleinen Flughafengebäude und zum **Hafen**.

„Ihr Boot ist gleich dort hinten“, **informiert** sie uns.

Ich nehme Michael bei der Hand. Auf einmal ist es wahnsinnig **heiß** und wir verstehen, warum alle anderen Fluggäste – die vermutlich nicht zum ersten Mal hier sind – bereits im Flugzeug in der Toilette **verschwunden** sind, um sich leichtere Kleidung **anzuziehen**.

Ein **Schnellboot** bringt uns auf unsere Insel. Als wir dort von Bord gehen, reicht man uns umgehend einen **Begrüßungscocktail**. Ganz nach unserem **Geschmack**.

Unser Zimmer ist wunderschön, und schon am zweiten Tag **entdecken** wir unsere Leidenschaft für das **Tauchen**. Es ist das erste Mal für uns beide, aber wir sind uns **augenblicklich** einig, dass wir noch nie etwas Schöneres erlebt haben.

Von diesem Tag an beschließen wir, die restlichen zehn Tage, die uns hier noch bleiben, mit Tauchen zu **verbringen**.

An einem dieser Tage steht etwas ganz Besonderes auf dem **Programm**. Wir werden mit einem **traditionellen** maledivischen Boot, einem sogenannten Dhoni, auf eine unbewohnte Insel fahren, dort am Strand einen frisch gefangenen Fisch **grillen** und am Nachmittag einen **Tauchgang** machen.

Außer uns fahren noch zwei andere Paare mit, beide sind sehr nett und wir unterhalten uns **angeregt** mit ihnen, während der Kahn durch das türkisblaue **Wasser** vor sich hin **schaukelt**.

„Wisst ihr, wir kommen schon **seit vielen Jahren** auf die Malediven zum Tauchen", verrät uns Gabi, eine der Frauen, die mit uns auf dem Boot sind.

„Aber noch nie im Leben ist mir etwas so **Schlimmes** passiert wie letztes Jahr. Da wurde ich nämlich von einem Steinfisch **gebissen**. Wisst ihr, was das ist, ein Steinfisch?" Alle schütteln den Kopf. „Also", fährt Gabi fort, „Steinfische sind so **heimtückisch**, weil sie eigentlich aussehen wie Steine – wie der Name schon sagt. Und im **Sand** der **Lagunen** sieht man sie kaum. Dabei gehören sie zu den **tödlichsten** Fischen der Welt. Bleibt ein **Biss** zu lange unbehandelt, hat man keine Chance mehr. Und hier auf den Malediven", sie macht eine ausladende **Geste** mit ihrer flachen Hand, „sind sie sehr **verbreitet**. Passt also auf. Wäre ich letztes Jahr nicht auf einer Insel gewesen, die einen **ärztlichen Notfalldienst** hatte, weiß ich nicht, ob ich **durchgekommen** wäre. Es war **schrecklich**."

Ich muss **schlucken**. Steinfische also. Ich musste besser achtgeben, wenn ich voller Freude in die Lagunen watete, wie ich es nun einmal so gern tat. Anscheinend war das hierzulande nicht besonders **sicher**.

Wir gehen an der Insel vor **Anker**, grillen unseren Fisch und nehmen am Strand ein regelrechtes Festmahl zu uns. Danach hat jedes Paar für sich ein bisschen Zeit, die Insel zu erkunden.

Michael und ich ziehen uns an einen einsamen **Palmenstrand** zurück, baden in der **kristallklaren** Lagune und legen uns dann in den sanften Schatten des sich wie auf einer **Postkarte** neigenden Baumes.

Ein wenig später schrecken wir auf. Die Sonne scheint uns **grell** und sengend auf die Haut. Wir sind **eingeschlafen**.

Wir müssen lachen; es ist einfach zu **idyllisch** an einem weißen Strand unter einer Postkartenpalme. So idyllisch, dass man vom sanften Rauschen der **Wellen** sofort in den Schlaf gelullt wird.

Aber etwas stimmt nicht; ich fühle mich **komisch**. Meine Haut pocht und **prickelt**, und ich entdecke eine Stelle in der Nähe meines Knöchels, die schrecklich gerötet ist.

„Michael", sage ich **ängstlich**, „glaubst du, mich hat vielleicht ein Steinfisch gebissen? Ich bekomme nur schlecht Luft und mein **Knöchel** ist ganz rot." Als ich die Stelle behutsam berühre, zucke ich zusammen. „Michael, es **brennt** so sehr!"

„Schatz, keine Sorge. Du hast bestimmt nur einen **Sonnenbrand**."

Einen Sonnenbrand? Ich bin von Natur aus ein dunkler Hauttyp und konnte mir in der **lächerlich** kurzen Zeit, die wir geschlummert haben, sicherlich keinen Sonnenbrand zuziehen. „Das glaube ich nicht", erwidere ich, „ich kann meinen **Fuß** schon fast nicht mehr bewegen. Bitte, ich glaube ich muss sofort zu einem **Arzt**."

„**Ist das dein Ernst?**", gibt Michael zurück. „Wir wollten doch noch tauchen gehen, außerdem habe ich **keine Ahnung**, wie wir jetzt an einen Arzt kommen sollten!"

„Bitte, Liebling, frag die **Angestellten** vom Hotel, die mit uns hier sind. **Ich habe Angst**, dass es schlimm ist. Was, wenn mich **tatsächlich** ein Steinfisch gebissen hat, ich ihn aber nicht gesehen habe? Was dann? Lieber gehen wir zum Arzt und sind uns sicher, als dass ich hier am Strand **sterben** muss!"

„**In Ordnung**", willigt er schließlich ein, „ich werde fragen."

Er macht sich davon, um unsere Begleiter zu suchen, und kehrt einige Momente später wieder zurück.

„In Ordnung, Schatz, sie **bringen** dich zur nächsten **Insel**. Dort gibt es einen Arzt. Aber die **Fahrt** dauert eine Stunde. Die anderen **bleiben** solange hier und gehen tauchen."

„Vielen Dank!" Ich bin erleichtert und ängstlich zugleich. „Liebling, du kannst gerne mit ihnen gehen. Ich **schaffe** das allein."

„Nein", widerspricht Michael, „ich lasse dich jetzt sicher nicht allein. **Na los**, gehen wir."

Eine Stunde später erreichen wir die Nachbarinsel. Mein Knöchel schmerzt immer noch, ich kann fast nicht mehr **auftreten**.

„Wollen wir mal sehen", sagt der Arzt **nachdenklich**. „Ein Steinfisch, sagen Sie?"

„Nein", erkläre ich, „ich habe nur Angst, dass es ein Steinfisch gewesen sein könnte. Denn wir waren im Wasser und nicht viel später fing es an."

Der Arzt sieht mich an und hebt eine **Augenbraue**. „Sie haben zu viel Sonne **abbekommen**, meine Liebe. Es ist nur ein leichter Sonnenbrand, **sonst nichts**."

„Leicht? Ich kann kaum mehr laufen!", beschwere ich mich.

„Ich gebe Ihnen eine **kühlende** Salbe mit", antwortete der Arzt. „Aber denken Sie daran: Wir sind hier in den Tropen – die Sonne brennt anders als in Europa, also sind auch die Sonnenbrände **schmerzhafter**."

Michael bricht in schallendes Gelächter aus. „**Ich hab's dir doch gesagt!**", prustet er.

„Das ist nicht lustig", erwidere ich **zischend**. Aber dann muss ich selbst lachen.

Zusammenfassung der Geschichte

Ein frisch verheiratetes Paar fährt in ihren Flitterwochen auf die Malediven. Kaum dort angekommen, gehen die beiden auf ihren ersten Tauchgang und entdecken in der Unterwasserwelt eine neue Leidenschaft. So kommt es, dass sie anschließend ihren gesamten restlichen Urlaub auf das Tauchen ausrichten. Eines Tages machen sie einen besonderen Ausflug auf eine unbewohnte Insel und auf dem Weg erzählt ihnen eine Mitreisende von den Schrecken, die unter der Wasseroberfläche lauern können. Das hat für die beiden weitreichendere Konsequenzen als sie gedacht hätten.

Summary of the story

A newlywed couple travels to the Maldives for their honeymoon. Soon after they arrive, they take their first ever scuba dive and discover a new mutual passion in the underwater world. Thus, they plan out the entire rest of their vacation around scuba diving. One day they go on a particularly interesting trip to an uninhabited island. On the way there a fellow traveler tells them about the scary things that can sometimes be found underwater. This has more extensive consequences for the two of them than they would have expected.

Vocabulary

- **(der) Verlobte:** fiancé
- **(der) Urlaub:** vacation
- **endlich:** finally
- **letzte Woche:** last week
- **(die) Hochzeit:** wedding
- **trocken:** dry
- **abreisen:** to take off/depart
- **(die) Ruhe:** calm/quietness
- **(das) Paradies:** paradise
- **(der) Koffer:** suitcase
- **morgens:** in the morning
- **(der) Flughafen:** airport
- **aus den Federn kommen:** to get out of bed
- **aufgeregt:** excited
- **ruhig:** quiet
- **(die) Hauptinsel:** main island
- **(die) Reiseleiterin:** tour guide
- **wohlwollend:** welcoming
- **(der) Flug:** flight
- **ereignislos:** uneventful
- **(das) Boot:** boat
- **(der) Hafen:** marina
- **informieren:** to inform
- **heiß:** hot
- **verschwinden:** to disappear
- **anziehen:** to put on
- **(das) Schnellboot:** speed boat
- **(der) Begrüßungscocktail:** welcome cocktail
- **(der) Geschmack:** taste
- **entdecken:** to discover
- **(das) Tauchen:** scuba diving
- **augenblicklich:** at once
- **verbringen:** to spend
- **(das) Programm:** agenda/program/schedule
- **traditionell:** traditional
- **grillen:** to barbecue
- **(der) Tauchgang:** scuba dive
- **angeregt:** lively
- **(das) Wasser:** water
- **schaukeln:** to rock
- **seit vielen Jahren:** for many years
- **etwas Schlimmes:** something terrible
- **gebissen:** bitten
- **heimtückisch:** treacherous

- **(der) Sand:** sand
- **(die) Lagune:** lagoon
- **tödlich:** deadly
- **(der) Biss:** bite
- **(die) Geste:** gesture
- **verbreitet:** common
- **ärztlicher Notfalldienst:** emergency medical service
- **durchkommen:** to make it through/survive
- **schrecklich:** dreadful
- **schlucken:** to swallow
- **sicher:** safe
- **(der) Anker:** anchor
- **(der) Palmenstrand:** palm beach
- **kristallklar:** crystal clear
- **(die) Postkarte:** post card
- **grell:** bright
- **einschlafen:** to fall asleep
- **idyllisch:** quaint/idyllic
- **(die) Wellen:** waves
- **komisch:** funny
- **prickeln:** to prickle
- **ängstlich:** fearful
- **(der) Knöchel:** ankle
- **brennen:** to burn
- **(der) Sonnenbrand:** sunburn
- **lächerlich:** ridiculous
- **(der) Fuß:** foot
- **(der) Arzt:** doctor
- **Ist das dein Ernst:** Are you serious
- **keine Ahnung:** no idea
- **Angestellter:** employee
- **Ich habe Angst:** I'm afraid/scared
- **tatsächlich:** really
- **sterben:** to die
- **in Ordnung:** fine/alright
- **bringen:** to take
- **(die) Insel:** island
- **(die) Fahrt:** ride
- **bleiben:** to stay
- **schaffen:** to manage
- **Na los:** Go on
- **auftreten:** to set a foot down
- **nachdenklich:** pensive/thoughtful
- **(die) Augenbraue:** eyebrow
- **abbekommen:** to catch smth. (e.g. a sunburn)
- **sonst nichts:** nothing else
- **kühlend:** cooling
- **schmerzhaft:** painful
- **Ich hab's dir doch gesagt:** I told you so

Questions about the story

1. **Wann haben die beiden geheiratet?**

   a. Letzten Monat

   b. Letztes Jahr

   c. Letzte Woche

   d. Gestern

2. **Wohin wollte Michael schon sein ganzes Leben lang?**

   a. Auf die Malediven

   b. Auf die Balearen

   c. Auf die Kanaren

   d. Auf die Bahamas

3. **Wie kommen die beiden von der Hauptinsel zu ihrer Insel?**

   a. Mit dem Flugzeug

   b. Mit einem Segelschiff

   c. Mit einem Katamaran

   d. Mit einem Schnellboot

4. **Wovon erzählt Gabi den beiden auf dem Weg zur unbewohnten Insel?**

   a. Von einer Qualle

   b. Von einem Steinfisch

   c. Von einem Hai

   d. Von einem Tintenfisch

5. **Wie lange ist die Fahrt zur Nachbarinsel, wo es einen Arzt gibt?**

   a. Zehn Minuten

   b. Eine Stunde

   c. Zwei Stunden

   d. Drei Stunden

Answers

1. C – Last week
2. A – To the Maldives
3. D – With a speed boat
4. B – A Stone Fish
5. B – One hour

CHAPTER 18

SO NAH UND DOCH SO FERN

Florian **reist** gern. Und er reist viel.

Aber er reist nicht immer nur **aus Spaß**, sondern sehr oft auch **geschäftlich**. Denn Florian hat einen Job, bei dem er sehr viel reisen **muss**.

Eines Abends **zum Beispiel** landete er in Rio de Janeiro. Denn das war sein **Zwischenstopp** auf der Reise nach Australien.

Da das Flugzeug nach Australien erst **am nächsten Tag** ging, hatte er sich für die Nacht ein **Hotelzimmer** direkt am Flughafen **gebucht**.

Erschöpft von dem langen Flug und nicht gerade in Vorfreude auf den nächsten, der noch vor ihm lag, **wartete** Florian darauf, **auszusteigen**. Er **mochte** das Fliegen nicht. Zwar machte es ihm nicht direkt **Angst**, wie das bei manchen anderen Menschen manchmal der Fall war, aber er fand so ziemlich **alles andere** schöner als in einem Flugzeug zu sitzen.

Endlich setzten sich die vor ihm wartenden **Passagiere** in Bewegung und trippelten **im Gänsemarsch** auf den Ausgang zu. Florian konnte es kaum erwarten, das Flugzeug zu verlassen.

Als er ausgestiegen war, **bekämpfte** er den schier **überwältigenden Drang**, sich **Zigaretten** zu kaufen und ging **stattdessen** direkt zum Informationsschalter.

„Wie komme ich ins Intercontinental Rio Airport?", **erkundigte** er sich bei der freundlich aussehenden Dame am **Schalter**.

„Das ist gar nicht **weit**, Sir, Sie können **direkt** vom Terminal aus dorthin gelangen, ohne das **Gebäude** verlassen zu müssen. Sehen Sie das rote **Schild** hier vorne? Bis dorthin **geradeaus**, dann am roten Schild links der Nase nach, bis Sie zu Ihrer Rechten einen großen **Aufzug** sehen. Im Aufzug steht beim **vierten Stock** schon ‚Hotel'."

„Vielen Dank, das ist sehr **freundlich** von Ihnen", bedankte sich Florian **höflich** und ging seiner Wege.

Das Terminalgebäude war voll. **Überall** liefen Menschen hin und her, und Florian dachte daran, dass jeder von ihnen seine eigene **Geschichte** hatte, seine eigenen Sorgen, Ängste und Ziele – sowohl für die Reise, auf der er sich momentan befand, als auch im Leben.

So viel **Trubel**, so viel Geschäftigkeit, dachte er. Zudem hatte jeder dieser Menschen eine Familie, Freunde und andere **geliebte** Menschen, die sich um ihn sorgten und irgendwo auf ihn warteten.

Auf einmal kam sich Florian schrecklich **klein** vor.

Er folgte der Wegbeschreibung der Dame und erreichte **wie versprochen** nach kurzer Zeit den Aufzug. Er trat **hinein**, drückte auf den Knopf, neben dem „4 – Intercontinental Hotel" stand, und der Aufzug setzte sich in **Bewegung**.

Im Hotel angekommen, wurde ihm ein Zimmer zugeteilt, dessen Fenster auf die **Startbahn** hinauszeigten. Fantastische **Aussicht**, dachte er bei sich, als er die **Vorhänge** beiseite zog und hinausblickte.

Dann fiel ihm etwas **Eigenartiges** auf. Am Glas der **Scheibe** war ein **matter** Streifen. Er trat einen Schritt näher an das Fenster und sah ihn sich genauer an. Der Streifen bestand aus vielen kleineren **Tupfern**, alle von ihnen hatten denselben, matten **Schimmer**. Als er das **Muster** sanft berührte, verschmierte es leicht.

Florian runzelte die Stirn und **fragte sich**, wodurch ein solches Muster wohl **verursacht** werden könnte, aber es fiel ihm nichts ein. Er **drückte** sein Gesicht gegen die Scheibe und sah hinaus auf die Rollbahn. In der **Dunkelheit** waren die **dröhnenden** Motoren und die blinkenden Lichter das Einzige, was ihn daran erinnerte, an einem Flughafen zu sein.

Als er sein Gesicht von der Scheibe löste, **fiel es ihm wie Schuppen von den Augen**. Der Streifen auf der Scheibe bestand aus **Stirnabdrücken**. Und jetzt, wo er dies wusste, sah er noch **unzählige** weitere über und unter dem Streifen.

Aber die meisten waren alle auf ein- und derselben Höhe, ungefähr einen Kopf **tiefer** als sein eigener. Einen Augenblick lang fragte er sich, **warum** das so war, aber dann beschloss er, dass er **müde** war. Sehr müde. So müde, dass ihm allein beim **Anblick** des Bettes die Augen zufallen wollten.

Er folgte der **Aufforderung** seines Körpers, zog sich aus, legte seine **Kleidung** zu einem sauberen **Stapel** zusammen und legte sich hin.

Die **Matratze** war weich und angenehm, und er atmete den wunderbar **vertrauten** Duft der **frischen** Laken ein. Das war es, was er am Reisen liebte: Die **Ruhelosigkeit**, das Gefühl, fremd zu sein. Etwas Neues zu erleben. Und vor allem: Nicht **stillzustehen**.

Als er am Morgen **aufstand**, fühlte er sich angenehm **ausgeruht**. Es war noch **früh** – nicht einmal sieben Uhr – aber er musste sein Zimmer schon wieder verlassen, denn das Flugzeug, das ihn nach Sydney bringen würde, ging schon um zehn.

Florian **duschte** ausgiebig, zog sich an, **packte** seine Sachen und verließ das Zimmer.

Als er den langen Hotelflur hinabging, **begegnete** er dem **Zimmermädchen**.

„Sylvia" stand auf ihrem **Namensschild**. Sie hatte langes, braunes Haar, das an ihrem Hinterkopf zu einem losen **Pferdeschwanz** hochgesteckt war. Florian **zögerte** und einen Augenblick lang sahen die beiden sich in die Augen.

Er sah **Sehnsucht** in ihren Augen. Sehnsucht und Träume, die trotz ihres **jugendlichen** Aussehens mit dem Alter in weite Ferne **gerückt** waren.

Und sie war etwa einen Kopf kleiner als er.

Ihr Blick hatte ihn **getroffen**, irgendwo in seiner **Seele**.

Und als er im Airbus A380 nach Sydney saß, der mit einem ohrenbetäubenden Dröhnen über die Startbahn **raste**, und sich wünschte, er müsse nicht immer so viel **fliegen**, sah er aus dem Fenster zurück zu dem hoch aufragenden **Turm** mit den **getönten** Scheiben.

Und er fragte sich, ob sie ihm jetzt auch gerade nachsah, mit Sehnsucht in den Augen, ihre kleine Stirn an das Fenster gepresst.

Zusammenfassung der Geschichte

Florian ist viel auf Reisen. Und zwar nicht nur freiwillig, sondern vor allem auch aus beruflichen Gründen. Obwohl er gerne unterwegs ist, kann man das von seiner Bereitschaft, zu fliegen, ganz und gar nicht behaupten. Eines Tages hat er einen Aufenthalt über Nacht in Rio de Janeiro und nimmt sich für die paar Stunden ein Hotelzimmer direkt am Flughafen. Dort stößt er auf ein rätselhaftes Muster am Fenster, das ihm schon bald dabei hilft, seine Vorbehalte in eine andere Perspektive zu rücken.

Summary of the story

Florian travels a lot. Not only voluntarily but first and foremost for business reasons. Even though he likes to be on the move the same cannot be said about his attitude towards flying in an airplane. One day he has an overnight layover in Rio de Janeiro on his way to Sydney, Australia, and rents a room right inside the airport building to get some rest. There, he discovers a mysterious pattern on the window that soon helps to put his attitude into perspective.

Vocabulary

- **reisen:** to travel
- **aus Spaß:** for fun
- **geschäftlich:** for business
- **müssen:** to have to
- **zum Beispiel:** for instance
- **(der) Zwischenstopp:** layover
- **am nächsten Tag:** the next day
- **(das) Hotelzimmer:** hotel room
- **buchen:** to book
- **warten:** to wait
- **aussteigen:** to exit/get off
- **mögen:** to like
- **(die) Angst:** fear
- **alles andere:** anything else
- **(der) Passagier:** passenger
- **im Gänsemarsch:** in single file
- **bekämpfen:** to fight
- **überwältigender Drang:** overwhelming urge
- **(die) Zigaretten:** cigarettes
- **stattdessen:** instead
- **sich erkundigen:** to ask
- **(der) Schalter:** desk
- **weit:** far
- **direkt:** directly
- **(das) Gebäude:** building
- **(das) Schild:** sign
- **geradeaus:** straight ahead
- **(der) Aufzug:** elevator
- **vierter Stock:** fourth floor
- **freundlich:** friendly
- **höflich:** polite
- **überall:** everywhere
- **(die) Geschichte:** story
- **(der) Trubel:** hustle and bustle
- **geliebt:** beloved
- **klein:** small
- **wie versprochen:** as promised
- **hinein:** inside
- **(die) Bewegung:** movement
- **(die) Startbahn:** runway
- **(die) Aussicht:** the view
- **(die) Vorhänge:** curtains
- **eigenartig:** strange
- **(die) Scheibe:** window pane
- **matt:** matte
- **(der) Tupfer:** dot
- **(der) Schimmer:** shimmer

171

- **(das) Muster:** pattern
- **sich fragen:** to ask oneself/wonder
- **verursachen:** to cause
- **drücken:** to push
- **(die) Dunkelheit:** darkness
- **dröhnend:** roaring
- **wie Schuppen von den Augen fallen:** to realize suddenly
- **(die) Stirnabdrücke:** forehead prints
- **unzählige:** countless
- **tiefer:** lower
- **warum:** why
- **müde:** tired
- **(der) Anblick:** the look/sight
- **(die) Aufforderung:** demand
- **(die) Kleidung:** clothing
- **(der) Stapel:** stack/pile
- **(die) Matratze:** mattress
- **vertraut:** familiar
- **frisch:** fresh
- **(die) Ruhelosigkeit:** restlessness

- **stillstehen:** to stand still
- **aufstehen:** to get up
- **ausgeruht:** rested
- **früh:** early
- **duschen:** to shower
- **packen:** to pack
- **begegnen:** to encounter
- **(das) Zimmermädchen:** chambermaid
- **(das) Namensschild:** name tag
- **(der) Pferdeschwanz:** ponytail
- **zögern:** to hesitate
- **(die) Sehnsucht:** yearning/longing
- **jugendlich:** youthful
- **in weite Ferne rücken:** to fade into the distance
- **treffen:** to hit
- **(die) Seele:** soul
- **rasen:** to race
- **fliegen:** to fly
- **(der) Turm:** tower
- **getönt:** tinted

Questions about the story

1. **Was mag Florian am Reisen nicht so gern?**

   a. Das Fliegen

   b. Die Schifffahrt

   c. Den Stress

   d. Das Autofahren

2. **Wo hat er einen Aufenthalt über Nacht?**

   a. Dubai

   b. Rio de Janeiro

   c. Kuala Lumpur

   d. Mexico City

3. **Wohin ist er unterwegs?**

   a. Thailand

   b. Ecuador

   c. Brasilien

   d. Australien

4. **Wie heißt das Zimmermädchen?**

   a. Anna

   b. Susanna

   c. Sylvia

   d. Maria

5. **In welchem Hotel übernachtet Florian?**

   a. Hilton

   b. Marriott

   c. Intercontinental

   d. Crowne Plaza

Answers

1. A - Flying
2. B - Rio de Janeiro
3. D - Australia
4. C - Sylvia
5. C - Intercontinental

CHAPTER 19

EIN BESUCH IM ZOO

Peter war aufgeregt, denn heute besuchte er mit seiner Schulklasse den **Zoo**. Schon seit über einem Monat freuten sich die Kinder darauf, die verschiedenen **Tiere** bestaunen zu können, die sie dort sehen würden.

Ein paar von ihnen, so wusste Peter, waren noch nie in ihrem Leben in einem Zoo gewesen. Diese Kinder **freuen sich wahrscheinlich besonders**, dachte er.

Seine **Lieblingstiere** waren die Tiger. **Elegant**, von der **Farbe der Sonne**, geschmeidig und **lautlos**, aber dennoch so **kraftvoll**. Ein Tiger war das **perfekte Raubtier** von den Spitzen seiner hyperempfindlichen **Schnurrhaare** bis zum Ende seines geringelten **Schwanzes**.

Und Peter liebte das Muster. Die **filigranen**, schön **geformten** und geschwungenen **Streifen**, die sich wie mit einem **Pinsel** gemalt über den kräftigen Körper der großen Katze zogen, faszinierten ihn.

Er konnte einem Tiger **ewig** zusehen, selbst wenn er nur still dalag und ein **Nickerchen** machte.

Schon vor dem großen Eingangstor begannen die Schüler, **kleine Grüppchen** zu bilden und heftig darüber zu diskutieren, welche Tiere sie als Erstes sehen wollten. „Ich will zu den **Affen!**", hörte man Horst sagen, in einer anderen Ecke erklärte Heinrich Susanne: „**Giraffen** haben so **lange Hälse**, dass sie von riesig hohen Bäumen fressen können, ohne sich auch nur strecken zu müssen!"

Peter lächelte. Er freute sich genauso sehr wie seine Freunde.

Nun warteten sie nur noch auf die Lehrer; **Treffpunkt** war der **Eingang** zum Zoo.

Das hohe, hölzerne Tor ragte **steil** vor ihnen in den Himmel. Es war rot **gestrichen**, auf den Pfosten zu beiden Seiten saßen kleine **Tierfiguren**; ein **Elefant** und ein **Bär**. Als Peter seinen Blick am Zaun entlangwandern ließ, sah er, dass auf jedem der mächtigen, stämmigen Pfeiler ein anderes Tier **thronte**.

Staunend drehte er sich zu Horst um. „Sieh nur! Dort drüben hockt ein Affe auf dem Zaun!", rief er ihm zu.

Als der Junge mit geweiteten Augen und offenem Mund seinem **Zeigefinger** folgte, lachte er auf und fügte hinzu: „Kein echter, du **Dummkopf**! Nur eine Statue! Der ganze Zaun ist voller Statuen!"

Jetzt stimmte Horst in sein **Gelächter** ein, und einige Momente lang lachten die beiden Jungen zusammen weiter, bis auf einmal **jemand** rief: „Da ist Frau Muck!"

Alle wartenden Kinder drehten sich um, dann **sammelten** sie sich um ihre Lehrerin, die gerade eingetroffen war.

„Alle in einer Reihe **aufstellen**", bat diese, „ich **verteile** jetzt die Eintrittskarten."

Aufgeregt taten die Kinder, wie ihnen geheißen, und kurz darauf, als jeder seine Karte hatte, traten sie durch die hohe Eingangspforte.

„Kinder, wir **bleiben zusammen**!", erinnerte Frau Muck. „Jeder überprüft **regelmäßig**, dass sein Vordermann noch vor ihm ist!"

Peter ging hinter Horst und Heinrich her. Heinrich war so **groß**, dass es ihm nicht schwerfallen würde, das zu **überprüfen**. Er würde nicht lange **suchen** müssen.

Im ersten **Tiergehege**, an dem die Klasse vorbeikam, waren die

Zebras. Peter liebte ihr Muster ebenso wie das Muster der Tiger, allerdings fand er Zebras nicht ganz so faszinierend wie Tiger, weil sie keine lautlosen, geschmeidigen, perfekten Raubtiere waren.

„Heinrich", sagte er. „Warte mal ab, bis wir zu den Tigern kommen. Du wirst sehen, sie sind die **unglaublichsten** Tiere von allen." Er wusste, dass Heinrich zu den Kindern gehörte, die noch nie zuvor in einem Zoo gewesen waren, und war **stolz** darauf, ihm sein Lieblingstier **zeigen** zu können.

Und dann **erreichten** sie endlich das Tigergehege. Peter hielt den Atem an. Dann **blickte** er hinein und wartete darauf, einen Blick auf eines der wunderschönen **Geschöpfe** zu erhaschen, die er so sehr liebte.

Angestrengt spähte er durch die Scheibe und das dahinterliegende Gitter, konnte aber bis auf dichte Bepflanzung im ganzen Gehege nichts sehen.

Heinrich stellte sich hinter Peter und blickte mühelos über seine Schulter in das Gehege.

„Wow, das ist wirklich unglaublich, Peter, **du hast recht!**", flüsterte er. Peter blickte sich **verwirrt** um. Wovon redete Heinrich? Hatte er etwas verpasst? Er konnte noch keine Tiger sehen, so sehr er sich auch anstrengte.

„Was meinst du?", fragte er schließlich.

„Na, dort in der **Ecke**, sieh nur", erwiderte Heinrich. „Sieh nur, sie **füttern** die Tiger gerade."

Peter sog scharf die Luft ein und blickte in die Ecke des Geheges.

Tatsächlich konnte er von Weitem erkennen, wie zwei **Wärter** vier Tiger fütterten.

Die Tiere bekamen gigantische Stücke **rohes Fleisch**, die sie zwischen ihren **Pranken** einklemmten und dann an ihnen **nagten**, als seien sie Knabberstäbchen.

Peter hielt den Atem an. Er hatte noch nie zuvor eine Tigerfütterung miterlebt.

Gespannt standen die beiden Jungen hintereinander und **beobachteten** die Raubkatzen. Ihr glänzendes Fell **riffelte** sich im Sonnenlicht, als sie ihre geschmeidigen Muskeln anspannten, um mit ihren **Krallen** das Fleisch zu halten.

Lange **Schneidezähne**, mindestens so lang wie Peters Zeigefinger, **gruben** sich tief in das Festmahl der Katzen, die mit hochgezogenen Lefzen schmatzten und schlangen, bevor sie sich mit gigantischen, rosa **Zungen** die Mäuler schleckten.

„Weißt du", sagte Heinrich zu Peter, „irgendwie **erinnern** sie mich an dich."

„Was?", fragte Peter. Er wusste nicht, ob ihn das stolz machen oder **beschämen** sollte. „Warum?"

„Naja", erwiderte Heinrich, „sie sind edel, stark, **ehrlich** und beeindruckend, und sie **verstellen** sich nicht. Sie sind so, wie sie sind, und sie machen niemandem etwas vor. Ihnen ist es egal, was **der Rest der Welt** von ihnen hält. Und so bist du auch, Peter. Das habe ich an dir schon immer **bewundert**."

Peter wusste nicht, was er sagen sollte. Er starrte seinen Freund an und schürzte seine Augenbrauen. „Wow. Das ist sehr lieb von dir, Heinrich. **Danke**."

„Hey, ich sage dir nur **meine Meinung**", gab sein Freund zurück. „Lass es dir nicht **zu Kopf steigen**, ja?" Er zwinkerte ihm zu.

Peter antwortete nicht. Er lächelte nur. Gerade hatte ihn ein guter Freund mit einem Tiger verglichen. Das war **das Beste**, was ihm je hätte passieren können.

Zusammenfassung der Geschichte

Peter ist aufgeregt: Morgen geht er mit seiner Schulklasse in den Zoo. Ganz besonders freut er sich auf die Tiger, denn sie sind seine Lieblingstiere. Er bewundert einfach alles an ihnen. Seine Freunde Horst und Heinrich mögen zwar andere Lieblingstiere haben, seien es Affen oder Giraffen – aber es ist Heinrich, der Peter am Tigergehege ein ganz besonderes Kompliment macht, das der Junge nie wieder vergessen wird.

Summary of the story

Peter is excited: tomorrow he gets to visit the zoo with his school. He is especially excited to see the tigers because they are his favorite animals. He admires absolutely everything and anything about them. Even though his friends, Horst and Heinrich, favor other animals, such as monkeys or giraffes, Heinrich pays Peter a compliment at the tiger enclosure that the boy will never forget.

Vocabulary

- **(der) Zoo:** zoo
- **(das) Tier:** animal
- **sich besonders freuen:** to be especially excited
- **(das) Lieblingstier:** favorite animal
- **elegant:** elegant
- **Farbe der Sonne:** color of the sun
- **lautlos:** without a sound
- **kraftvoll:** strong
- **perfektes Raubtier:** perfect predator
- **(die) Schnurrhaare:** whiskers
- **(der) Schwanz:** tail
- **filigran:** delicate
- **geformt:** shaped
- **(die) Streifen:** stripes
- **(der) Pinsel:** paintbrush
- **ewig:** eternal
- **(das) Nickerchen:** nap
- **kleine Grüppchen:** small groups
- **(die) Affen:** monkeys
- **(die) Giraffen:** giraffes
- **lange Hälse:** long necks
- **(der) Treffpunkt:** meeting point
- **(der) Eingang:** entrance
- **steil:** steep
- **gestrichen:** painted
- **(die) Tierfiguren:** animal statues
- **(der) Elefant:** elephant
- **(der) Bär:** bear
- **thronen:** to sit enthroned
- **(der) Zeigefinger:** pointing finger
- **(der) Dummkopf:** the fool
- **(das) Gelächter:** laughter
- **jemand:** somebody
- **sammeln:** to gather
- **aufstellen:** to line up
- **verteilen:** to hand out
- **zusammenbleiben:** to stay together
- **regelmäßig:** regularly
- **groß:** tall
- **überprüfen:** to double check
- **suchen:** search
- **Tiergehege:** animal enclosure
- **(das) Zebra:** zebra

- **unglaublich:** unbelievable
- **stolz:** proud
- **zeigen:** to show
- **erreichen:** to reach/arrive at
- **blicken:** to look
- **(das) Geschöpf:** creature
- **angestrengt:** intense
- **du hast recht:** you are right
- **verwirrt:** confused
- **(die) Ecke:** corner
- **füttern:** to feed
- **(der) Wärter:** zookeeper
- **rohes Fleisch:** raw meat
- **(die) Pranke:** paw
- **nagen:** to gnaw
- **gespannt:** anxious
- **beobachten:** to watch
- **riffeln:** to riffle
- **(die) Krallen:** claws
- **(die) Schneidezähne:** canines
- **graben:** to dig
- **(die) Zunge:** tongue
- **erinnern:** to remind
- **beschämen:** to embarrass
- **ehrlich:** honest
- **sich verstellen:** to put on airs
- **der Rest der Welt:** the rest of the world
- **bewundern:** to admire
- **Danke:** thank you
- **meine Meinung:** my opinion
- **zu Kopf steigen:** to get to someone's head
- **das Beste:** the best thing

Questions about the story

1. **Was ist Peters Lieblingstier?**

   a. Affe

   b. Giraffe

   c. Elefant

   d. Tiger

2. **Was steht auf den Pfeilern im Zaun um den Zoo?**

   a. Buchstaben

   b. Tierstatuen

   c. Nichts

   d. Lebendige Tiere

3. **Welches Tier will Horst zuerst sehen?**

   a. Elefanten

   b. Zebras

   c. Affen

   d. Tiger

4. **Was erfährt Susanne von Heinrich?**

   a. Dass Giraffen lange Hälse haben

   b. Dass Tiger gestreift sind

   c. Dass Zebras keine Raubtiere sind

   d. Dass der Zoo Eintritt kostet

5. **Mit welchem Tier wird Peter von Heinrich verglichen?**

   a. Tiger

   b. Affe

   c. Elefant

   d. Zebra

Answers

1. D - Tiger
2. B – Animal statues
3. C - Monkeys
4. A – That giraffes have long necks
5. A - Tiger

CHAPTER 20

DER NISCHENTISCH

Manchmal darf ich mit meiner Schwester Lara zu meinem Opa und meiner Oma. Manchmal dürfen wir sogar das ganze **Wochenende** dort bleiben.

Opa und Oma sind die Besten.

Man würde jetzt denken, **alle** Opas und Omas sind die Besten in den Augen ihrer Enkel, aber ich meine das **wirklich** so. Mein Opa und meine Oma sind wirklich **handfest** die Besten.

Warum? Das kann ich ohne Probleme **beantworten**.

Grund 1: Opa nimmt mich immer, und ich meine immer, mit auf den Stuttgarter Fernsehturm. Dort darf ich dann ein **Zitroneneis** essen. Was ist daran so **besonders**? Naja, wer schon einmal ganz oben auf dem Stuttgarter Fernsehturm Zitroneneis gegessen hat, weiß es. **Mehr kann ich nicht sagen**.

Grund 2: Oma macht die beste **Spätzlesuppe** der Welt. Ja, der Welt. Es gibt keine bessere. Das ist **Tatsache**. Punkt.

Grund 3: Lara und ich haben ein **riesiges**, ja geradezu gigantisches Bett in Opa und Omas **Gästezimmer**. Da kann man sich **ausstrecken**, so weit es nur geht, und trotzdem ist das Bett noch nicht zu Ende.

Grund 4: Wenn wir bei Opa und Oma sind, **dürfen** wir lange aufbleiben. Mindestens bis zehn Uhr abends. Dann sehen wir uns

Hurra Deutschland an, das ist eine **Satire**. Mama und Papa sagen immer, das sei nichts für Kinder, aber wir **finden** schon, dass es etwas für Kinder ist, denn schließlich müssen wir **jedes Mal** lachen, wenn wir es ansehen.

Grund 5: Ketterer.

Nun, dieser letzte Punkt bedarf vermutlich einer **Erklärung**.

Lassen Sie mich nur so weit ausholen, wie **unbedingt nötig**.

Mein Opa und meine Oma haben ein **Stammlokal** in der Stuttgarter **Innenstadt**, dessen Name Ketterer ist. Wenn Lara und ich zu Besuch kommen, gehen wir stets mindestens einmal dort essen.

Natürlich **reserviert** Opa dann einen Tisch, denn er liebt uns beide sehr, und da will er kein Risiko eingehen, dass nicht alles **perfekt** ist.

„Hallo? Ja, Schacker am Apparat. Ich möchte gerne mit meiner lieben Frau und meinen beiden Enkeln **morgen Abend** zum Essen zu Ihnen kommen. Und ich hätte gerne einen **Nischentisch**, bitte", sagt er dann am **Telefon**.

Und wenn wir dort **ankommen** und vom Maître d' zwischen grün und dunkelrot gestrichenen **Wänden** an unseren Tisch gebracht werden, sind Lara und ich immer ganz stolz, seine **Enkel** zu sein.

Natürlich gab es auch schon **unangenehme** Situationen, in denen Opa den gewünschten Tisch nicht bekam, vielleicht, weil man **vergessen** hatte, seinen Wunsch korrekt zu **notieren**, oder weil der Angestellte, mit dem er telefoniert hatte, noch **neu** war.

Dann war Opa äußerst **unzufrieden** und schlug mit der flachen Hand auf den **Empfangstresen**, während er mit fester Stimme **erklärte**: „Ich habe einen Nischentisch **bestellt**, und ich will einen Nischentisch!"

Nun, Widerrede oder **Entschuldigungen**, von **Ausreden** ganz zu schweigen, waren an dieser Stelle stets weniger als **zwecklos**, und so bekam Opa immer, was er wollte.

Wenn wir dann einmal an unserem Nischentisch saßen, durften Lara und ich Cola oder Fanta **trinken**, während Opa und Oma sich eine Flasche Hagnauer Ruländer **teilten**. „Oder, Tobias, was möchtest du trinken? Nein, du bist noch **viel zu jung** für Wein", sagte er manchmal zu mir, ohne auch nur auf eine Antwort zu warten.

Hin und wieder **fügte er hinzu**: „Den Wein trinken wir **in ein paar Jahren** zusammen."

Hatten wir einmal unsere Getränke bestellt, kam der Kellner auch schon herbeigeeilt, **so schnell er konnte**, und brachte Lara und mir ein großes Blatt **Papier** mit vorgedruckten Linien. Es handelte sich um die Umrisse eines **Bildes**, das man **ausmalen** konnte. Ein Feenwald, eine Blumenwiese oder ein **Bauernhof**, um nur ein paar zu nennen.

Sobald der Kellner die dazugehörigen **Buntstifte** auf den Tisch stellte, machten wir uns an die Arbeit. Und **weiß Gott**, wir gaben immer und **ausnahmslos** unser Bestes.

Hatten wir schließlich unsere **obligatorischen** Spätzle mit Soße **vertilgt** und waren auch Oma und Opa mit dem Verzehr ihres Zwiebelrostbratens fertig, wurde **in der Regel** die **Frage** nach einem **Zahnstocher** laut – vorerst allerdings lediglich in Opas Kopf.

Charmant, wie er war, **winkte** er dann den Kellner zu sich und flötete: „Junger Mann. Sollten Sie auf Ihrem Weg durch dieses Restaurant **rein zufällig** einem Zahnstocher über den Weg laufen, richten Sie ihm doch bitte aus, dass er den Weg zu meinem Tisch finden möge, **wann immer sich ihm Gelegenheit bietet**."

Man muss nicht dazu sagen, dass diese **Scherze** das Personal stets sehr belustigten, und der Zahnstocher in der Regel auch schon recht bald darauf bei uns eintraf.

Bevor wir aber nach solchen Besuchen das Restaurant verließen, ließ Opa es sich nicht nehmen, an der Empfangstheke auf unsere **gelungenen Kunstwerke** aufmerksam zu machen.

„Sehen Sie nur, wie schön meine Enkel das ausgemalt haben. Ich **wette**, so etwas geschieht hier nicht alle Tage. Sie sollten diese Bilder **einrahmen** und **aufhängen**."

Wie man nicht anders **erwarten** konnte, erntete Opa mit diesen Aussagen normalerweise nichts als ein müdes, aber **liebevolles** Lächeln, bis er dann in den nächsten Gang schaltete.

„Aber, mein Herr, **ganz im Ernst**. Meine Enkel haben das so schön ausgemalt, haben sich so viel **Mühe** gegeben, und sie sollen ohne Belohnung, ohne auch nur ein Wort der **Anerkennung** wieder gehen? Das finde ich nicht besonders höflich, junger Mann."

Woraufhin der junge Mann **gewohnheitsmäßig** erstarrte, **errötete** und Lara und mir einen Lolli, eine Schokolade oder auch eine Kugel Eis im Becher gab.

„Na, **sehen Sie**", sagte Opa dann. „Sie haben sich solche Mühe gegeben. Wir kommen wieder. Das ist ein **gutes Restaurant**."

Oma sah ihn dann an, schlang ihren Arm in seinen und lächelte **zärtlich**.

Zusammenfassung der Geschichte

Tobias und seine Schwester Lara lieben es, bei ihren Großeltern zu Besuch zu sein. Warum? Das hat viele Gründe. Mindestens fünf, um genau zu sein. Von Omas einzigartiger Spätzlesuppe bis hin zu Opas einzigartigem Humor und dem riesigen, bequemen Bett, in dem die Geschwister bei den beiden schlafen dürfen. Und dann wäre da noch etwas: Der obligatorische Besuch in ihrem Lieblingsrestaurant. Die Anekdoten der dortigen Etikette sind erfrischend und amüsant.

Summary of the Story

Tobias and his sister love visiting their grandparents. Why? There are lots of reasons. At least five, to be precise. Starting with grandma's unique "Spätzlesuppe", grandpa's unique sense of humor, and the gigantic, comfy bed they get to sleep in when they spend the night at their house. And there is something else, too: the obligatory visit to their favorite restaurant, the antics of which are refreshing and amusing.

Vocabulary

- **manchmal:** sometimes
- **(das) Wochenende:** weekend
- **alle:** all of...
- **wirklich:** really
- **handfest:** hands-down
- **beantworten:** to answer
- **Zitroneneis:** lemon flavored ice cream
- **besonders:** special
- **Mehr kann ich nicht sagen:** That is all I can say/Enough said
- **(die) Spätzlesuppe:** German noodle soup
- **(die) Tatsache:** fact
- **riesig:** gigantic
- **(das) Gästezimmer:** guest room
- **ausstrecken:** to stretch out
- **dürfen:** to be allowed to
- **(die) Satire:** satire
- **finden:** to find
- **jedes Mal:** every time
- **(die) Erklärung:** explanation
- **unbedingt nötig:** absolutely necessary
- **(das) Stammlokal:** regular restaurant
- **(die) Innenstadt:** city center
- **reservieren:** to reserve
- **perfekt:** perfect
- **morgen Abend:** tomorrow night
- **(der) Nischentisch:** booth
- **(das) Telefon:** phone
- **ankommen:** to arrive
- **(die) Wand:** wall
- **(der) Enkel:** grandchild
- **unangenehm:** unpleasant
- **(der) Tisch:** table
- **vergessen:** to forget
- **notieren:** to note down
- **neu:** new
- **unzufrieden:** unhappy
- **(der) Empfangstresen:** reception desk
- **erklären:** to annouce
- **bestellen:** to order
- **(die) Entschuldigung:** apology
- **(die) Ausrede:** excuse
- **zwecklos:** futile
- **trinken:** to drink

- **teilen:** to share
- **viel zu jung:** way too young
- **hinzufügen:** to add
- **in ein paar Jahren:** in a few years
- **so schnell er konnte:** as fast as he could
- **(das) Papier:** paper
- **(das) Bild:** picture
- **ausmalen:** to color in
- **(der) Bauernhof:** farm
- **(die) Buntstifte:** colored pencils
- **weiß Gott:** God knows
- **ausnahmslos:** without exception
- **obligatorisch:** obligatory
- **vertilgen:** to eat greedily/devour
- **in der Regel:** usually
- **(die) Frage:** question
- **(der) Zahnstocher:** toothpick
- **charmant:** charming
- **winken:** to wave
- **rein zufällig:** by pure chance
- **wann immer sich die Gelegenheit bietet:** whenever the opportunity arises
- **man muss nicht dazu sagen:** needless to say
- **(der) Scherz:** the joke
- **gelungenes Kunstwerk:** beautiful piece of art
- **wetten:** to bet
- **einrahmen:** to frame
- **aufhängen:** to hang
- **erwarten:** to expect
- **liebevoll:** loving
- **ganz im Ernst:** honestly
- **(die) Mühe:** effort
- **(die) Anerkennung:** appreciation
- **gewohnheitsmäßig:** out of habit
- **erröten:** to blush
- **sehen Sie, …:** see…
- **gutes Restaurant:** good restaurant
- **zärtlich:** tenderly

Questions about the story

1. **Wo darf Tobias mit seinem Opa immer Zitroneneis essen?**

   a. Im Eiscafé

   b. Auf dem Fernsehturm

   c. Im Park

   d. Zuhause

2. **Was bestellt Opa immer telefonisch?**

   a. Einen Nischentisch

   b. Einen Tisch auf der Terrasse

   c. Einen Platz an der Bar

   d. Etwas zu essen

3. **Was trinken Opa und Oma zum Essen?**

   a. Eine Flasche Mineralwasser

   b. Fanta

   c. Cola

   d. Eine Flasche Wein

4. **Was gibt es im Restaurant für die Kinder?**

   a. Süßigkeiten

   b. Buntstifte und Papier

   c. Brot

   d. Spielzeug

5. **Was essen Tobias und Lara immer?**

   a. Zwiebelrostbraten

   b. Kartoffelbrei

   c. Hühnersuppe

   d. Spätzle mit Soße

Answers

1. B – On the television tower
2. A – A booth
3. D – A bottle of wine
4. B – Crayons and paper
5. D – „Spätzle mit Soße"

FREE BOOK!

Free Book Reveals The 6 Step Blueprint That Took Students

From Language Learners To Fluent In 3 Months

If you haven't already, head over to **LingoMastery.com/hacks** and grab a copy of our free Lingo Hacks book that will teach you the important secrets that you need to know to become fluent in a language as fast as possible.

CONCLUSION

We hope you have enjoyed our stories and the way we present them. Each chapter, as you have noticed, contains a number of language tools which you will regularly use when speaking German. Whether it is verbs, pronouns, adjectives or simple colloquial expressions, the German language offers a wealth of linguistic material.

Never forget: learning a language does not *have* to be a boring activity if you find the proper way to do it. Hopefully, we provided you with a hands-on, fun way to expand your knowledge of German so you can apply what you have learned whenever you use German.

Feel free to come back to this book in the future to review its vocabulary and expressions. You will get just as much out of re-reading it as you got out of it the first time– maybe even more!

Believe in yourself, dare to make mistakes and don't let any mistakes discourage you! Making mistakes is an integral part of the learning process. The secret is to never give up! Good luck on your language learning journey!

P.S. Keep an eye out for more books like this one; we are not done teaching you German! Head over to **www.LingoMastery.com** and read our articles and sign up for our newsletter. We give away so much free stuff that will accelerate your German learning and you don't want to miss that!

194

Printed in Great Britain
by Amazon

68431359R00115